LE VRAI MANUEL

DU

SAVOIR - VIVRE

CONSEILS

SUR LA POLITESSE ET LES USAGES DU MONDE

PAR

Madame la Comtesse de BOISSIEUX

PARIS

GAUGUET ET Cᵉ, LIBRAIRES-ÉDITEURS,

36, RUE DE SEINE, 36

—

1877

INTRODUCTION

---◦◦◦---

Comment ce petit livre a été composé.

« — Notre siècle n'est pas seulement le siècle des découvertes scientifiques, des inventions utiles, du progrès en tout ce qui touche au bien-être de la vie ; c'est aussi et surtout le siècle du développement de l'enseignement populaire, de la vulgarisation, au profit de tous, d'une foule de connaissances qui avaient été jusqu'à présent le privilége du petit nombre.

« Comment se fait-il que pendant que le milieu intellectuel de la nation s'élève ainsi, ce qui constitue le fonds même de la vie sociale, la bienveillance dans les relations, la courtoisie dans les manières, semble rester stationnaires.

« N'y a-t-il pas là une preuve irréfragable de l'incapacité ou peut-être de la résistance systématique d'une certaine classe de la société à s'assujettir aux lois de la politesse ? »

A cette opinion émise en sa présence, une aimable femme se récria vivement :

— Je n'accepterai jamais, dit-elle, qu'il puisse se trouver dans un milieu chrétien et français une seule personne incapable de

bienveillance et de bonté. Or, qui dit bienveillance et bonté, dit politesse.

— Qu'entendez-vous donc, Madame, par
politesse, hasarda un des assistants.

— La chose la plus simple et en même
temps la plus précieuse du monde, car elle ne
s'apprend pas : le cœur seul l'inspire. Indépendante de la fortune et du savoir, elle est
le fruit de *l'éducation* qu'il faut bien se garder
de confondre avec *l'instruction*. Elle ne se cote
point à la Bourse et l'on en a pas plus quand
on est riche, moins quand on est pauvre ;
c'est là un privilége que Dieu n'a pas permis.

— Le monde cependant a des exigences,
des usages, des règles qu'il faut étudier sous
peine.....

— Doucement, nous n'en sommes pas là.
Vous parlez du *savoir-vivre*, et il n'est question
ici que de cette belle et simple politesse qu'un
écrivain distingué a défini *la manifestation des
vertus chrétiennes* et dont un savant professeur,
qui est en même temps un homme de goût et
d'esprit, a dit :

« La politesse consiste dans les signes exté-
rieurs par lesquels on montre une attention
soutenue, soit à écarter tout ce qui pourrait
faire penser qu'on se met peu en peine de déplaire aux autres, soit à faire et à dire ce qui
peut leur plaire. Elle est agréable à tout le
monde ; elle enhardit à demander des services
qui ne coûtent point à ceux qui les rendent et
à en offrir. Le plaisir qu'elle cause est vrai,
quoique passager. »

Mais, ainsi que le fait observer un éminent

prélat (1), « la politesse des manières, le sentiment des bienséances, le goût naturel et exquis, sont de ces choses qui se pratiquent mieux en France qu'elles ne s'y définissent, et que les nations rivales elles-mêmes sont convenues de nommer *la politesse française.*

« Noble apanage du caractère national, glorieuse distinction dont il faut nous féliciter... Il ne faut pas croire que ce soit là une variété de l'éducation ou du caractère : la politesse se lie étroitement à des vertus utiles, à des vertus sociales dont une nation peut être justement fière et heureuse. »

Ainsi définie, ainsi comprise, la politesse peut et doit être pratiquée par chacun de nous, et ce serait faire injure à un peuple que de prétendre qu'il ne la tient point en honneur.

Je n'admets donc pas, — je le répète, — que la politesse tende, comme on le dit, à disparaître de nos mœurs.

Je crois plutôt que ce jugement provient d'une confusion d'idées et de choses.

Le principe d'égalité qui entre chaque jour plus profondément dans notre vie sociale, en rapprochant sinon de fait, du moins comme costume, habitudes, manière d'être, les diverses conditions, nécessite une extension d'éducation qui nous manque encore.

Toutes les carrières étant ouvertes à tous, TOUS doivent être capables de les parcourir, non-seulement au point de vue des aptitudes intellectuelles, mais encore à celui des formes

(1) Mgr Dupanloup, évêque d'Orléans.

extérieures qui constituent ce qu'on appelle le *savoir-vivre;* de telle sorte que ce *savoir-vivre,* qui autrefois se modifiait selon le milieu dans lequel on vivait, est, sauf quelques légères nuances, devenu le même pour tout le monde.

Les distinctions sociales existent cependant et existeront toujours, mais elles subissent des fluctuations tellement inattendues, des déplacements de situations si rapides, que la nécessité se fait sentir, de se tenir constamment prêt sinon à occuper une situation supérieure à celle où l'on se trouve, du moins à être mis en contact avec des gens qui seraient justement choqués d'un manque d'usage.

De même, en effet, que nul citoyen ne peut arguer d'ignorance en ce qui touche au code de nos lois, de même aucun membre de la société, telle qu'elle tend à se constituer, ne peut s'excuser d'un manque de savoir-vivre en prétextant qu'il ne connaît pas les usages.

— Vous avez parfaitement raison, Madame, mais comment voulez-vous que l'ouvrier, le cultivateur, voire même l'honnête habitant d'une petite ville, sache de quelle façon il doit se comporter dans le monde, lui qui n'a pas eu le temps, ni l'occasion, ni peut-être même la volonté d'y être introduit ?

— Ce que la pratique lui refuse, il peut l'acquérir par la lecture, par l'étude; les traités sur cette matière sont nombreux.

— Très-nombreux, en effet; mais tous, si je ne me trompe, visent un but spécial. Celui-ci est destiné aux jeunes filles, celui-là aux écoles de garçons; cet autre s'adresse à un monde trop raffiné pour qu'il ne s'y trouve point, à côté de fort bonnes choses du reste, une suite de détails minutieux dont la pratique serait inutile et souvent même complétement ridicule dans la vie ordinaire. Un autre surabonde de conseils, de dissertations, et ne contient sur les usages eux-mêmes que des notions superficielles.....

—- De sorte qu'à votre avis ?

— Un traité de *savoir-vivre,* clair, succinct et complet est encore à faire.

— Tant pis, car si vous ne vous trompez pas, il y a là une lacune regrettable.

— Que vous seriez bien aimable, chère Madame, de combler au plus vite.

— Mais je ne suis pas écrivain.

— Raison de plus pour réussir dans un travail de ce genre, qui exclut les phrases et ne demande que des préceptes basés, non sur des *on-dit,* mais sur l'expérience, sur la pratique.

— Au fait, et tout amour-propre d'auteur à part, voilà, je crois, un moyen d'être utile que je ne dois pas repousser. Je vais y songer, et si je m'en sens réellement capable... eh! bien, j'essaierai.

C'est cet essai promis par madame de Boissieux dans la conversation que nous venons de donner comme introduction à notre petit traité, qui va nous fournir le traité lui-même.

Puisse la politesse si gracieuse de l'excellente comtesse faire des prosélytes. C'est le meilleur souhait que nous puissions adresser à nos lecteurs.

CHAPITRE PREMIER

DU SAVOIR-VIVRE

I

Du savoir-vivre en famille.

I. — *Le savoir-vivre* ne règle pas seulement comme beaucoup de gens semblent le croire, nos rapports avec le monde ; il a mission d'intervenir dans tous les détails de la vie, depuis les soins les plus minutieux donnés au vêtement, à la propreté, jusqu'aux effusions de la causerie la plus intime — je dirai volontiers jusqu'à la sévère honnêteté des pensées les plus secrètes.

On ne fait bien, en effet, que ce que l'on fait souvent et il est à peu près sûr que celui qui ne se pliera pas à une continuelle observation de lui-même, ne tardera pas à s'oublier gravement en public.

« *Chassez le naturel, il revient au galop* ». Que votre naturel donc soit si bien réglé que vous n'ayez jamais besoin de le contraindre ou de le *chasser*. C'est l'unique moyen de n'être pas exposé à le voir *revenir* au moment le plus inopportun.

Le respect que vous vous devez à vous, celui que vous devez à vos parents, l'exemple que vos enfants, vos subordonnés ont droit à recevoir de vous, tout s'unit d'ailleurs pour vous imposer le devoir de ne pas réserver, *votre velours*, c'est-à-dire votre politesse, vos égards, pour les étrangers seuls.

II. — *La Famille*, ai-je dit ; que signifie donc ce mot que l'homme de cœur et de bon sens ne prononce jamais qu'avec émotion et respect ?

« Deux époux qu'unit un indissoluble lien et qui s'aiment de cette affection unique au monde, où tout est confiance, respect, pureté ; des enfants élevés à l'école de la tendresse, de l'obéissance et du devoir ; parfois

1.

un grand-père, une grand'-mère, débris vénérés de l'ancienne famille qui a cherché un asile dans la nouvelle ». Voilà la famille, la vraie famille telle que l'Évangile l'a constituée et la conserve dans le monde.

L'observation du savoir-vivre dans la famille est plus qu'un acte de politesse, c'est un devoir impérieux. Quoi de plus sacré qu'une mère, n'est-ce pas à elle que nous devons le bien le plus précieux : la vie et la première éducation.

Pour nous que de nuits elle a passées sans sommeil ! que de larmes elle a versées ! que de prières elle a adressées au ciel. Ce que nous sommes, ce que nous deviendrons, la vie terrestre et la vie éternelle, c'est d'elle, après Dieu, que nous tenons tout.

Et nous lui marchanderions maintenant notre respect, nos égards !

Et nous croirions trop faire en gardant vis-à-vis d'elle des formes auxquelles nous nous astreignons pour le plus indifférent des étrangers !

Nous trouverions assujettissant de nous taire quand elle parle, de lui céder la place et le pas en toute occasion ; de ne nous asseoir à table que quand elle s'y est assise elle-même, de ne nous servir qu'après elle ; de consulter, d'étudier ses goûts, afin d'y subordonner les nôtres ; de ne jamais élever la voix en sa présence, et, quel que soit notre âge, d'accepter avec déférence ses avis et ses remontrances....

Un homme, une femme qui n'a pas pour sa mère tous les égards que nous venons de dire et bien d'autres encore que la *vie* journalière révèle ou fait naître, ne saurait jamais prétendre au titre de femme ou d'homme bien élevé.

Encore moins peut-on lui accorder aucune qualité de cœur.

Ne devons-nous pas également honorer notre père, cet homme si prudent, si dévoué, qui nous a, dès le berceau, garanti des périls du monde ; qui, à mesure que nous grandissions, nous a initié à tous les devoirs dont sa vie a été un continuel exemple afin que nous puissions marcher le front haut et porter dignement le nom que nous lui devons, le nom d'un honnête homme.

Et quand chacun honore et estime cet homme de bien, vous, son fils, vous vous croiriez dispensé de lui témoigner les égards qui lui sont dus.

Les étrangers sollicitent ses conseils, et vous les repousseriez ! On lui parle avec respect, on l'écoute avec déférence, et vous vous permettriez un ton tranchant, des réponses dédaigneuses ; vous lui refuseriez votre confiance, vous lui fermeriez votre cœur, vous prendriez avec lui des airs de supériorité, vous affecteriez une conduite indépendante.....

Certes ce serait là plus qu'un manque de savoir-vivre, ce serait un crime de lèse-famille.

Quant à vos frères, à vos sœurs, je ne vous parlerai pas ici des devoirs, de soutien, de direction, d'assistance au besoin que vous leur devez et qu'ils vous doivent et se doivent réciproquement.

Ma mission se borne à vous rappeler *les formes* sous lesquelles doivent se manifester tous ces bons sentiments.

III. — *Douceur, bienveillance* ; esprit de complaisance et même d'abnégation dans les petits détails de la vie commune, de patience mais de fermeté si une question sérieuse, une question de principes ou d'honnêteté était en jeu ; égalité d'humeur, gaîté de caractère et politesse de manières ; tels sont les principaux et sûrs moyens de faire régner au logis la paix et la joie.

Mais vous avez le bonheur de posséder la famille au complet. Vos enfants aux joues roses, aux lèvres souriantes, abrités sur les genoux de votre aïeul, mêlent leurs tresses blondes aux boucles blanches de sa chevelure.

Le berceau et l'extrême vieillesse rapprochent la vénérable enfance, prélude de la vie éternelle, de la faible enfance, début de la vie terrestre.

Il y a ici un double devoir : devoir de déférence pour l'une, de direction pour l'autre, de respect pour toutes deux.

Quoi de plus digne de respect, en effet, que la sage expérience du vieillard, que la sainte innocence de l'enfant?

Devoir de déférence envers le vieillard, avons-nous dit : Ne le froissez en rien, prêtez-vous avec empressement à ses désirs, voire même à ses caprices. Un vieillard aime à faire revivre le passé, prêtez-vous patiemment à cette innocente manie ; écoutez ses redites, provoquez-les à l'occasion, et ne laissez jamais paraître ni lassitude, ni ennui.

Aimez à offrir pour soutien votre bras à celui qui guida avec tant de sollicitude vos premiers pas. Ne craignez pas de payer largement la dette de reconnaissance que vous avez contractée envers lui.

Si vos vieux parents sont dans l'aisance, réjouissez-vous-en et ne faites rien qui puisse la diminuer ; si, au contraire, ils sont dans la gêne, respectez-les, aimez-les davantage, et surtout ne négligez aucun moyen d'améliorer leur position.

Malheur à celui qui rougit des siens ; un sage a dit : « Celui qui méprise sa naissance ne méritait pas de naître. Plus, d'ailleurs, les débuts dans la vie ont été modestes, plus grand est l'honneur et le mérite de celui qui s'élève. »

« Être fils de ses œuvres ! » se dit trop souvent avec un accent dédaigneux. Rien au contraire n'est plus grand et plus beau, lorsque, bien entendu, les moyens employés pour arriver ont été loyaux et honnêtes.

Parlons maintenant de vos enfants : Que votre vie, toute de travail et de devoir, leur soit un exemple permanent.

Que votre conduite, en leur apprenant et en leur faisant aimer le bien, leur laisse ignorer non-seulement l'existence, mais le nom même du mal.

« Respectez ces oreilles chastes et ces fronts candides qui rougissent par instinct devant le mal ; soyez bons avec eux et cependant ne soyez pas faibles ; sachez vous faire aimer, mais prenez garde de leur inspirer d'autre crainte que celle de vous déplaire. »

Ne promettez jamais que ce que vous savez devoir et pouvoir tenir. La confiance une fois perdue ne se recouvre plus, et il importe que les enfants croient aveuglement à tout ce que leur disent leurs parents.

Hors de cette loyale sincérité et de cette confiance absolue, il n'y a pas d'éducation, j'oserai dire il n'y a pas de famille possible. .

Règle générale : Que vos enfants ne vous entendent jamais altérer, grossir les faits ; qu'ils ne surprennent jamais le mensonge sur vos lèvres, la duplicité dans vos actions.

Qu'ils ne vous entendent pas critiquer le prochain, le blâmer, le ridiculiser. Pesez toutes vos paroles. Chacun y gagnera, vous, votre jeune famille, votre entourage, la société tout entière.

Entre époux, la politesse est le premier des devoirs.

Le bon jour du matin, le bon soir avant de se coucher, un mot aimable en se séparant et en se retrouvant, ce sont des *riens* dont l'importance n'échappera à aucun esprit observateur. Ces *riens*, en effet, entretiennent les bons rapports, alimentent la douce et chère intimité du foyer.

L'homme qui s'en va le soir au café ou au cercle, laissant sa femme seule à la maison, est un mauvais mari.

La femme qui cherche son plaisir dans les fréquentations, dans les commérages du voisinage, au lieu de mettre sa maison en ordre et d'y retenir, d'y fixer son mari, manque de cœur et de bon sens. Elle n'entend ni les intérêts de sa famille, ni ses propres intérêts.

Les fêtes et anniversaires sont les jours par excellence de la famille ; ne manquez jamais de les célébrer ;

vous prouverez ainsi aux vôtres que vous pensez à eux, et ils vous en aimeront davantage.

Un mari qui tient à l'affection de sa femme doit rester pour elle aimable et prévenant comme aux premiers jours de son mariage, et réciproquement.

Tous deux doivent prendre garde de se relâcher des termes de la politesse, de négliger leur tenue, leur costume, et cela sous prétexte qu'ils n'ont plus à plaire. C'est une grave erreur; plus on se connaît, plus on s'aime, plus on doit chercher à se rendre agréable l'un à l'autre.

Chacun d'ailleurs a ses défauts auxquels il faut s'efforcer de donner une compensation. Tâchons donc de corriger, d'atténuer en nous ce qui est mal, et appliquons-nous plus encore s'il est possible à supporter les défauts des autres ; diminuons-les au lieu de les grossir.

Si nous avons quelque sujet de contrariété, prenons garde d'en rejeter la responsabilité sur autrui.

Les récriminations empoisonnent la vie. Combien parmi les ménages désunis doivent leur malheur à cette triste manie de se plaindre et de gronder à tout propos !

Que le mari se repose sur la femme des menus soins du ménage ; rien n'est plus insupportable qu'un de ces hommes minutieux et tatillons qui s'en vont rôder jusque dans la cuisine.

La confiance est indispensable en ménage. Un mystère en fait naître un autre, et il n'y a pas de petit secret. Toute chose faite en cachette, acquiert par là une importance redoutable et peut, si innocente qu'elle soit, amener les plus irréparables malheurs.

Maris, respectez vos femmes. Leur dignité est inséparable de votre propre honneur ; de telle sorte qu'en y portant atteinte par des paroles peu mesurées, par une tenue inconvenante, vous vous faites tort à vous-même !

IV. — *Les domestiques* doivent être considérés comme faisant partie de la famille agrandie.

A ce titre, vous avez *charge d'âme*, ce qui implique le devoir de sage direction, d'active surveillance et de bons traitements.

Du moment où ils entrent à votre service, vous en répondez devant Dieu ; vous devez donc ne rien épargner pour leur rendre le devoir facile ; pour les éclairer, les instruire ; leur faire goûter, aimer, pratiquer le bien.

Quand on est d'accord avec un domestique sur les conditions auxquelles on l'engage, il est d'usage de lui remettre une petite gratification appelée *denier à Dieu*.

Le maître et le domestique ont chacun vingt-quatre heures pour revenir sur leur engagement ; seulement, lorsque le changement d'avis est le fait du maître, le *denier à Dieu* reste acquis au domestique, tandis que si c'est celui-ci qui se dégage, il doit rendre l'argent qu'il a reçu.

Le denier à Dieu est basé sur les gages. Il varie, suivant les pays, du dixième au vingtième d'un mois de gage.

Quand un maître veut renvoyer un domestique ou que celui-ci veut s'en aller, il est d'usage, à Paris et dans les grandes villes, qu'on se prévienne réciproquement huit jours à l'avance.

Dans les campagnes, c'est trois mois à l'avance qu'on donne ou qu'on reçoit congé. Du reste, en cela comme en tout ce qui est purement d'usage, il faut se soumettre aux coutumes du pays que l'on habite.

« Il est humain et prudent tout à la fois, dit un auteur qui a traité à fond ces matières, de ne pas employer ses domestiques ou ses ouvriers à des travaux trop rudes ou trop prolongés, car, en cas de maladie contractée par eux au service de leurs maîtres, c'est à ceux-ci qu'incombent les frais de médecin et de médicaments. »

Au départ d'un domestique, les maîtres sont en droit de visiter ses malles.

En cas de motifs graves de plainte, c'est un devoir de conscience de mentionner ces motifs sur le livret.

Lorsqu'il s'agit de simples incompatibilités de caractère, le domestique a le droit d'exiger qu'un certificat soit donné à sa moralité et à sa probité.

Si vous voulez être bien servi et toujours obéi, évitez toute familiarité avec ceux qui vous servent.

Parlez-leur toujours poliment, et, en leur donnant vos ordres, soyez clairs et précis.

« Quand vous demandez quelque chose, employez la formule : *Voulez-vous bien*, ou prenez la peine d'ajouter *s'il vous plaît*.

« Lorsqu'on vous apporte l'objet demandé, n'hésitez pas à dire : Merci.

« Ne tutoyez pas vos domestiques ; cet usage n'est plus dans nos mœurs. Appelez-les par leur nom de baptême. »

Si vous tenez à être respecté, ne laissez échapper aucune parole vive ou méprisante devant les gens qui vous servent.

Prenez garde surtout de ne pas affaiblir leur foi ou leur moralité.

Respectez en eux la dignité humaine, qu'aucune fonction honnêtement remplie ne saurait altérer.

Pensez à cela, et vous ne serez jamais tenté de vous autoriser de leur état de dépendance à votre égard pour les humilier ou les malmener.

Enfin, attachez-vous à eux, afin que, de leur côté, ils s'attachent à vous.

Car, ne vous y trompez pas, éternellement sera vrai le vieux proverbe : « Les bons maîtres font les bons serviteurs. »

II

Des repas.

V. — *Les repas* sont l'occasion d'une foule de petits détails dont le *savoir-vivre* donne la règle et qu'il n'est pas permis d'ignorer.

« *On ne doit pas vivre pour manger, mais on doit manger pour vivre.* » De cet axiôme résulte le devoir de ne pas ajouter une trop grande importance au fonds même du repas.

Ainsi, on évitera de louer ou de critiquer les mets qui sont servis ; on s'abstiendra de porter ou de maintenir la conversation sur ce qui a rapport à la table.

On accoutumera les enfants à se comporter avec décence et propreté ; on les empêchera de désigner ce qui flatte leur goût, de se servir eux-mêmes quoi que ce soit. de manger goutonnement et au-delà de ce qu'exige le besoin.

A table, le maître et la maîtresse de la maison doivent se placer vis-à-vis l'un de l'autre.

Les places d'honneur sont pour les hommes à droite et à gauche de la maîtresse de maison, pour les femmes à droite et à gauche du maître de maison.

Quand on veut donner ce qu'on appelle *un dîner prié*, on doit envoyer huit jours au moins à l'avance des billets d'invitation (1).

S'il s'agit de personnes d'un rang ou d'une position très-supérieure, la lettre ne suffit pas, l'invitation doit se faire personnellement, en visite de cérémonie.

On reçoit ses invités dans le salon, que l'on quitte pour passer dans la salle à manger, à l'annonce faite à haute voix par un domestique que « *Madame est servie.* »

A ces mots, la maîtresse de maison se lève et choisit

(1) Entre parents ou amis intimes, deux jours suffisent.

elle-même celui de ses invités — le plus qualifié ou le plus âgé — qu'elle veut honorer, et elle lui demande *son bras* pour la conduire à la salle à manger. Là elle le fait placer à sa droite.

Le maître de la maison choisit ensuite la dame à qui il veut faire les honneurs et lui offre son bras.

Les autres personnes suivent, chaque homme ayant au bras une dame.

Le maître et la maîtresse, après avoir désigné à leurs convives les quatre places d'honneur, laissent les autres se placer à leur guise, à moins qu'au moyen de cartes nominatives, posées sur chaque couvert, ils n'aient d'avance distribué les places.

Ce placement est une grande affaire qui demande tout le soin et tout le tact des maîtres de maison : la position, l'âge, la connaissance parfaite de ses invités : caractère, habitudes, intimités, doivent être pris en considération. Le plus ou moins de gaîté et d'entrain d'un dîner tient, en effet, aux rapports qui s'établissent, dès le premier service, entre les voisins de table, et l'on ne pourrait dire jusqu'où peuvent aller la satisfaction ou les froissements d'amour-propre provoqués par une place un peu plus près, ou un peu plus éloignée du haut bout de la table.

Le maître de la maison doit attendre que toutes les dames aient pris place avant de donner le signal de s'asseoir aux autres hommes en s'asseyant lui-même.

Les maîtres de maison ne doivent ni vanter les mets s'ils sont bons, ni s'excuser s'ils sont mauvais.

Un domestique fait-il quelque maladresse, laissez la passer inaperçue — sauf à l'en reprendre ensuite — à moins cependant que cette maladresse n'ait lieu au détriment de quelques-uns des invités, comme une sauce versée sur une robe, sur un habit, auquel cas non-seulement des excuses sont dues à la victime de l'accident, mais des mesures doivent être prises pour le réparer immédiatement.

Le maître et la maîtresse de maison s'occupent de

concert et alternativement de leurs convives pendant le premier et le second service; mais le dessert venu, la maîtresse de maison seule en fait les honneurs, sauf en ce qui concerne les vins, lesquels restent constamment dans les attributions du maître du logis.

La maîtresse de la maison donne le signal de quitter la table. Elle rentre au salon au bras de son voisin de droite et dans l'ordre suivi en allant à table.

Dans une bonne maison, le service se fait en silence; les domestiques sont muets et glissent plutôt qu'ils ne marchent. Ils évitent avec un soin extrême le choc des assiettes, le bruit des fourchettes.

Puisque nous avons abordé cette grande question du service de la table, nous croyons devoir donner quelques avis touchant la manière de disposer :

VI. — *Le couvert et le service.* Une femme qui tient à sa réputation de maîtresse de maison ne se repose jamais entièrement sur ses domestiques de l'arrangement de sa salle à manger, un jour de dîner de cérémonie.

Elle se réserve au moins ce qu'on appelle le coup-d'œil d'ensemble.

Mais surtout elle n'oublie pas que « quiconque offre à dîner doit le faire grandement — eu égard bien entendu à sa fortune et à sa position. Il ne faut lésiner ni sur l'éclairage, ni sur le nappage, ni sur les vins, ni sur les mets. »

La table doit présenter un aspect joyeux et engageant. Le linge d'un beau blanc et bien symétriquement placé; rien n'est disgracieux comme une nappe dont un bout pend plus que l'autre, comme des serviettes pliées irrégulièrement, des assiettes mal espacées.

L'argenterie, les cristaux, la porcelaine, tout doit étinceler aux feux des bougies ou des lampes.

La cuillère, la fourchette et le couteau sont placés à droite.

Trois verres sont l'escorte obligée de chaque couvert : un pour le vin ordinaire, c'est le plus grand, un pour les vins de choix et un pour les vins fins d'entremets ou de dessert.

Le verre à champagne seul ne figure pas sur la table au début du dîner. Il y est apporté au moment où le vin lui-même fait son apparition.

Un buffet voisin de la table doit être abondamment pourvu de vaisselle de rechange. Dans les maisons montées sur un bon pied on a adopté l'usage des pays du nord qui est de changer les fourchettes et les couteaux chaque fois qu'on change d'assiettes.

Il n'est de rigueur toutefois de changer de fourchettes et de couteaux qu'à chaque service et après le poisson.

Aux quatre points cardinaux sont placés les carafes et les bouteilles. Lorsque la table compte plus de douze couverts, on établit des subdivisions entre ces quatre points.

La salle à manger doit être convenablement chauffée, ni trop, ni trop peu, car s'il n'est pas sain de manger dans une pièce trop chaude, il est loin d'être agréable de geler à table.

Les dîners se servent de plusieurs manières. Le plus *gracieux*, le plus usité, le *dîner à la française*, fait succéder *trois services* sur la table : 1° le potage, les entrées et les hors-d'œuvre ; 2° le rôti et les entremets ; 3° le dessert, qui est la partie la plus brillante du repas, celle dans laquelle les soins et le bon goût de la maîtresse de maison ont le champ libre pour se développer. Une personne de goût entremêle les fruits de feuillage, dresse avec art les bonbons et les gâteaux, décore la table de fleurs disposées dans d'élégants cristaux, dans de coquettes porcelaines.

On peut à tous les services orner le couvert de surtouts et de bouts de table en cristal, en vermeil, etc.....

Une autre manière, dite *à la russe*, consiste à placer dès avant le dîner les hors-d'œuvre et le dessert sur la table et à n'y faire paraître aucun autre mets; ceux-ci sont simplement posés sur un buffet où les domestiques les découpent pour les faire passer à la ronde.

Cet usage, qui n'est adopté en France que comme exception, diminue les devoirs du maître de maison, qui devient en quelque sorte un étranger à sa propre table. En outre, il donne quelque chose de forcé et de cérémonieux à l'ensemble du repas qui nuit à l'entrain et qui, chacun étant dispensé de s'occuper de son voisin, fait ressembler un dîner prié à un dîner de table d'hôte.

Enfin, il existe ce que nous appellerons un service mixte, qui consiste à disposer d'avance le dîner sur la table, sauf ce qu'on appelle les plats du milieu qui se succèdent au centre des entrées et entremets entourés eux-mêmes des sucreries, gâteaux, fruits, etc.

Le dessert venu, on enlève tous les autres plats on rapproche les assiettes et on fait succéder le fromage au dernier plat du milieu.

Le *coup du milieu*, en grand honneur autrefois, a disparu de nos usages. Il est remplacé, chez un bien petit nombre de personnes, par un verre de madère sec, de kirsch ou de rhum offert immédiatement après le premier service.

Un petit verre de vin de Madère peut s'offrir après le potage.

Voilà pour le service matériel. Voyons maintenant quels sont, au point de vue moral, les devoirs des maîtres de maison.

VII. — *Le choix des convives* réclame tout d'abord leur attention.

Choisissez autant que possible vos invités dans le même milieu, c'est-à-dire parmi des gens ayant les mêmes habitudes, les mêmes goûts, voyant le même monde.

Evitez surtout de mettre en présence des éléments disparates, des parti-pris d'opposition ou de discorde.

« Il est en effet fort désagréable d'avoir des enne-

mis, des antagonistes déclarés, mais il l'est bien plus
encore de s'asseoir avec eux à la même table. »

C'est là pour les gens de cœur une véritable souffrance, pour les orgueilleux un froissement cruel.
Entre gens bien élevés, cette souffrance, ce froissement ne se donneraient pas, il est vrai, ouvertement
cours, mais il est impossible qu'ils ne se traduisent pas
par une certaine aigreur dans le son des voix, par une
évidente raideur qui suffisent à arrêter l'entrain, à
troubler la gaîté de tous les assistants.

Le dîner sera donc froid et gourmé, et, ce qui est
pire, vous êtes à peu près sûr de vous être fait deux
ennemis des deux personnes à qui vous vouliez au
contraire faire politesse.

VII. *La conversation* pendant le dîner doit être encore, et pour les convives et pour leurs hôtes, l'objet
d'une grande attention.

Les seconds doivent y apporter un tact tout particulier.

Un maître et surtout une maîtresse de maison ont le
devoir, en faisant tout ce qui est possible pour rendre
leur hospitalité agréable à chacun, de veiller, avant
toutes choses, à ce que leur maison soit respectée.

Or, elle ne le serait pas si la conversation se portait
sur des sujets inconvenants ou légers, de nature à offenser de chastes oreilles, ou à faire entendre, même
en badinant, aux jeunes gens présents ou aux domestiques chargés du service, quelques-uns des paradoxes,
quelques-uns des sophismes qui s'attaquent soit aux
saines doctrines de la religion et de la morale, soit au
principe sacré de l'autorité.

Ils se chargeront donc eux-mêmes de diriger la conversation, qu'ils auront soin de maintenir sur des sujets généraux, agréables, et de nature à ne blesser aucune susceptibilité.

Les questions politiques et religieuses seront sévè-
rement bannies, et si un convive mal élevé ou indiscret
cherchait à aborder ce chapitre, une maîtresse de mai-

son prudente ne craindrait pas d'intervenir aussitôt, dût-elle déclarer nettement qu'elle pense que des sujets aussi sérieux et délicats sont incompatibles avec la douce et franche gaîté qui doit présider à une réunion intime.

La conversation restera ainsi entre les mains des maîtres de maison jusqu'au dessert ; à ce moment peuvent s'établir entre voisins de table des conversations particulières, à condition qu'elles auront lieu à demi-voix, de façon à ne pas troubler la conversation générale ; mais pas si bas cependant que ce qui se dit ait aucun caractère mystérieux et secret.

Enfin et sous aucun prétexte, on ne s'interpellera d'un côté de la table à l'autre ; on n'appellera les domestiques ni par leur nom, ni par les dénominations en usage dans les lieux publics, de « la fille, garçon » ; on ne dira pas davantage *mademoiselle, monsieur,* mais on suppléera à toute appellation directe par des tournures de phrase du genre de celles-ci : *Veuillez... voudriez-vous... je vous prie,* etc.

Régle générale : Tout à-parte, surtout entre personnes d'un sexe différent, est en public de la plus haute inconvenance.

III

Les devoirs de l'hospitalité.

VIII. *La chambre d'amis.* A la campagne, toute personne un peu aisée doit avoir à la disposition de ses connaissances ce qu'on appelle la *chambre d'amis.*

Cette chambre, toujours disponible, ne doit être ni la moins bien située, ni la moins bien meublée.

L'hôte que l'amitié ou des nécessités d'affaires y amènera doit y trouver tout ce qui se rapporte aux soins de toilette et de propreté ;

Un lit propre et bien fait, une cuvette et son pot-à-eau, des serviettes bien blanches, une brosse, du savon, un flacon d'eau de Cologne, de lavande ou de vinaigre parfumé, du feu si l'on est en hiver, des fenêtres ouvertes et l'air bien renouvelé si l'on est en été.

Que la cheminée soit garnie de deux flambeaux avec leur bougie, d'une boîte d'allumettes, d'un sucrier plein, d'un verre et d'une carafe.

A défaut d'une petite étagère garnie de quelques volumes de choix, la table ou la commode recevra trois ou quatre bons livres adaptés aux goûts présumés de votre hôte.

Quelque confiance que vous ayez en vos domestiques, ne vous reposez jamais entièrement sur eux de ces soins si minimes en apparence, si importants en réalité. Surveillez-en l'exécution, et quelles que soient vos occupations, ne laissez jamais entrer un hôte dans la chambre que vous lui destinez sans l'avoir minutieusement visitée et examinée.

« Recevoir quelqu'un, dit un écrivain célèbre, c'est se charger de son bonheur tout le temps qu'il est sous notre toit. Ainsi considérée, l'hospitalité n'est pas un des moindres devoirs de la vie sociale. »

IV

Des réceptions.

IX. *Avoir son jour de réception* est un usage qui s'est généralement répandu, et qui a cela de bon que les visiteurs sont sûrs de ne pas se déplacer inutilement. D'un autre côté, moyennant cet assujettissement pendant une après-midi sur sept, on se garantit sa pleine liberté pendant les six autres jours.

L'assujettissement toutefois est grand et il est bon d'y bien réfléchir avant de se l'imposer, car rien, sauf une indisposition grave, ne peut autoriser à ne pas ouvrir son salon *au jour pris.*

Son salon, ai-je dit. *Recevoir* dans une chambre à coucher un jour de réception serait en effet inconvenant, de telle sorte que quiconque n'a pas de salon ne peut et ne doit pas prendre *de jour*.

Si l'on avait des enfants capricieux ou bruyants, il ne serait pas convenable de les garder près de soi le jour où l'on reçoit, car le premier devoir d'une maîtresse de maison est d'éviter à ses visiteurs tout sujet d'ennui ou de fatigue.

Lorsque les réceptions ont lieu le soir, il est d'usage de faire servir vers onze heures du thé et des gâteaux.

Dans les visites de jour on n'offre rien.

Les discussions religieuses et politiques doivent être soigneusement bannies de la conversation. On doit éviter, en un mot, tout ce qui pourrait froisser quelqu'un de ses visiteurs et faire en sorte que chacun d'eux s'éloigne sous une impression agréable.

Il va sans dire que quelles que soient les inquiétudes, les préoccupations, les chagrins mêmes du moment, rien ni sur le visage, ni dans l'accent ne doit en porter la trace.

On n'a le droit de mettre ses visiteurs de moitié dans sa tristesse que lorsqu'il s'agit d'un deuil, auquel cas les convenances exigent pour les visités que l'air du visage soit en harmonie avec le deuil extérieur, et pour les visiteurs qu'ils se montrent également sérieux et pénétrés des compliments de condoléance que leur impose l'usage.

La maîtresse de maison est assise en hiver à un des coins de la cheminée, en été sur un canapé. Elle ne cède sa place à personne.

La place d'honneur est en face à l'autre coin de la cheminée ou sur le canapé à ses côtés.

Il est d'usage que la femme qu'elle y fait asseoir ne garde sa place — surtout le fauteuil du coin du feu — que jusqu'à l'arrivée d'une autre femme à qui elle la cède soit pour se retirer, soit pour prendre un autre siége.

D'ordinaire, les siéges sont disposés d'avance autour du foyer ou autour du canapé occupé par la maîtresse de maison. Si cette précaution n'avait pas été prise et qu'il n'y eût pas de domestiques pour avancer les siéges, ce soin incomberait aux enfants de la maison s'ils étaient présents.

Si la maîtresse de la maison était seule, elle se bornerait à faire un mouvement vers un fauteuil que le visiteur ou la visiteuse s'empresserait d'avancer avant qu'elle ait le temps de le faire elle-même.

CHAPITRE DEUXIÈME

DU SAVOIR-VIVRE HORS DE CHEZ SOI

I

Du savoir-vivre dans la rue.

X. *Le maintien et la démarche* nous occuperont tout d'abord. Et avec un auteur compétent en la matière nous dirons :

« En général on doit tenir le corps droit, la tête droite et ne regarder que devant soi.

« Regarder fixément tout le monde ou bien fixer une personne en particulier et surtout la fixer de la tête aux pieds est un manque de civilité qui, poussé à certaines limites, s'appelle *impertinence*.

« Affecter de ne regarder personne, surtout celle à qui l'on parle ou qui vous parle, est une autre exagération dont il faut se garder.

« La démarche ne demande pas moins d'attention sur soi-même que le regard.

« Une des choses qui embarrassent le plus les gens qui marchent, ce sont les mains, et il y en a qui, dans leur embarras, leur font décrire les mouvements les plus bizarres.

« Tenez les abaissées sur les côtés en prenant garde qu'elles n'aient pas l'air de vous servir de balancier, ou bien croisez-les de façon à ce que la main droite soutienne la main gauche à la hauteur de la ceinture.

« Évitez de les mettre dans les poches, de les appuyer sur les hanches, de les tenir sur la tête, de les frotter vivement l'une contre l'autre. »

Voilà pour le *maintien*; quant à la *démarche*, souvenez-vous que :

« La démarche d'un *homme d'esprit* et même simplement d'un *homme bien élevé* a quelque chose de particulier qui frappe à première vue. »

A quoi cela tient-il? A l'habitude prise de bonne heure de s'observer sans en avoir l'air et à la conviction que nul n'est dispensé, en aucune occasion, de se respecter soi-même et de respecter autrui.

Voilà la cause morale; quant aux moyens matériels mis en œuvre pour donner à la tournure le *comme il faut* auquel chacun doit viser, car un œil crairvoyant y voit un indice presque sûr de bonne éducation, ils consistent, je crois, à faire en sorte que :

« En mettant le corps en mouvement, le talon soit le premier à toucher terre, non pas en la frappant bruyamment mais doucement et en faisent immédiatement fléchir l'avant-pied.

« Tenir le corps raide sent l'arrogant; frapper le sol d'aplomb sent le lourdeau; marcher sur la pointe du pied sent le prétentieux; marcher nonchalamment sent le niais.

« Il ne faut pas faire de grandes enjambées, se pencher en avant, courber le dos; il faut également éviter de se rejeter en arrière comme si on allait perdre l'équilibre.

« ..... Tous ces défauts tiennent à un manque ou de vigilance sur soi, ou d'éducation première. Il est difficile, je l'avoue, de s'en corriger; toutefois, avec un

peu d'attention et beaucoup de bonne volonté on est
sûr d'y parvenir. »

Il est à craindre seulement qu'en voulant bien faire
on ne *fasse trop bien*; j'entends, qu'on tombe dans
l'excès opposé, c'est-à-dire :

« Dans une affectation guindée, maladroite, qui vise
aux grands airs, aux manières distinguées, délicates et
qui n'atteint jamais qu'au ridicule. »

Ce dont je vous supplie de vous garder, car il n'y
a rien que le monde pardonne moins volontiers.

XI. *La rue* est la propriété de tous les passants. Nul
donc n'a le droit d'y gêner son voisin.

Pour les gens en voiture, ne gêner personne et
n'être gêné par personne est l'affaire du cocher.

Il n'en est pas de même pour le piéton, qui doit, tout
à la fois, se garer de tout obstacle et ne faire obstacle
à personne.

Il y a pour cela des règles de savoir-vivre qu'il faut
connaître et surtout observer.

Celui qui a le mur des maisons à sa droite, a le droit
de poursuivre son chemin sans se garer, c'est à la
personne qui vient en sens contraire à se détourner et,
au besoin, à descendre du trottoir.

Quand deux personnes se croisent, chacune d'elle
doit appuyer sur la droite, c'est le moyen de ne pas se
heurter, ni s'embarrasser.

Si ce double mouvement n'était pas fait à temps et
qu'il en résultât une sorte de confusion, on doit échan-
ger un salut et, selon les circonstances, quelques paroles d'excuses.

Nonobstant ces règles, un homme bien élevé ne
souffre pas qu'une femme ou un vieillard descende
du trottoir ou quitte le haut du pavé, mais il s'efforce
de leur céder le pas.

Une femme agit de même quand elle se trouve en
présence d'une femme beaucoup plus âgée qu'elle.

Prenez garde d'élever trop la voix dans la rue, vous

passeriez pour une personne sans éducation ou pour
un fat qui veut à tout prix attirer l'attention.

Si vous abordez des amis, n'obstruez pas le trottoir,
ne vous formez pas en bande de manière à forcer les
passants à s'effacer pour vous faire place.

« Beaucoup de marchands ont l'habitude, en été, de
s'installer le soir sur des chaises devant leurs magasins; il faut qu'ils sachent bien que ce n'est pas là un
droit qu'ils exercent, mais une tolérance dont ils jouis-
sent. Ils doivent donc soigneusement éviter de gêner
la circulation.

« Le trottoir est aux passants et non aux proprié-
taires ou aux locataires des maisons. »

Un homme bien élevé ne fume pas en accompagnant
une dame. Il lui offre le bras gauche, et garde libre le
bras droit pour la protéger.

Les officiers et les fonctionnaires qui portent l'épée
font exception à cette règle ; ils doivent garder le côté
gauche libre, afin que leur arme ne s'engage pas dans
les plis de la robe ou que sa poignée ne blesse pas la
personne à qui ils offrent le bras.

Un homme doit régler son pas non-seulement sur
celui de la dame qu'il accompagne, mais sur celui de
toute personne plus âgée que lui ou qui est son supérieur.

Si vous avez à accompagner deux dames, mère et
fille, c'est à la mère que vous devez offrir le bras.

Si ce sont deux dames étrangères, c'est à la plus
âgée, à moins qu'il n'y ait entre elles une différence
très-notable de position, auquel cas c'est la plus qua-
lifiée qui a droit à ce que vous vous fassiez *son che-
valier* (1).

Cette règle ne souffre qu'une exception : si parmi
les femmes que vous accompagnez il s'en trouve une
dont vous soyez l'hôte, c'est d'elle qu'il convient que

____

(1) Et non pas Cavalier comme on a coutume de
dire.

2.

vous vous occupiez particulièrement: à elle donc vous devez offrir votre bras.

Le salut adressé à une femme doit toujours être plus respectueux que celui fait à un homme, celui-ci fut-il un supérieur.

Sauf à vos amis intimes, ne soyez jamais le premier à offrir la main; mais si elle vous est offerte, empressez-vous de la prendre.

Qui que vous ayez à saluer, ne vous bornez pas à un simple mouvement ni à un signe de tête, mais découvrez-vous entièrement. Le salut militaire seul comporte le geste de porter la main au front.

Rencontrez-vous un convoi funèbre, arrêtez-vous le temps de saluer respectueusement; c'est un hommage que tout vivant doit aux restes mortels de celui dont l'âme est déjà devant Dieu.

Prenez garde que votre canne, votre parapluie n'incommodent personne.

Ne tenez pas en marchant les mains derrière le dos, ne gesticulez pas, n'élevez pas la voix; des gens susceptibles pourraient s'imaginer que vous avez intention de les désigner, de les railler.

XI. *En voiture*, la politesse a, comme au logis, comme dans la rue, ses exigences et ses règles.

Ainsi, il est du devoir d'un homme de donner la main à une femme qui monte ou qui descend de voiture. Il doit, en même temps, s'occuper d'éviter tout contact entre le marchepied, les roues et les vêtements de la dame.

En voiture, c'est la place du fond, à droite, qui est la place d'honneur; il convient donc de la céder toujours à la femme que l'on accompagne.

Si dans une voiture qui a quatre places on n'est que deux, il convient de laisser la dame seule sur la banquette du fond et de s'asseoir soi-même sur celle du devant.

Il va sans dire que vous ne devez pas profiter du tête-à-tête que vous procure une course ou une promenade en voiture pour vous permettre la moindre allusion, le moindre propos déplacé.

De son côté une femme, en pareille occasion, doit se montrer plus réservée que jamais.

Il est d'ailleurs de règle qu'une femme honnête ne se laisse accompagner en voiture que par un parent, un intime ou un homme que son âge et son caractère mettent au-dessus de toute interprétation maligne.

Quand on est arrivé, il convient, s'il s'agit d'une voiture de louage, d'éviter toute lenteur et surtout toute contestation avec le cocher.

Pour cela, on s'enquiert d'avance des prix du tarif, on se pourvoit de monnaie et on lui glisse dans la main le montant de la course accompagné d'un pourboire assez généreux pour ne pas exposer la femme que l'on accompagne à entendre des observations toujours désagréables.

Règle générale établissez vos relations avec le monde d'après le chiffre de votre fortune; mais quand, volontairement ou par accident, vous vous trouvez en contact avec des étrangers, faites convenablement, je dirais volontiers, faites grandement les choses : rien n'est de plus mauvais goût et plus irritant que les lésineries en pareil cas.

Si des voitures particulières nous passons aux omnibus, nous rencontrons des règles de bonne compagnie non moins obligatoires.

Voici venir la maison roulante; elle n'est pas, Dieu merci? surmontée du fatal : *complet !* Le conducteur à qui vous avez fait signe a tiré le cordon; le cocher arrête ses chevaux.

Vous jetez votre cigarre, car votre intention n'est pas de tenter l'escalade de l'impériale.

« Vous voici dans l'intérieur; prenez une stalle s'il y a moyen.

« ..... Vous êtes enfin bien installé. N'ouvrez pas le vasistas et ne vous placez pas dans les courants d'air; vous pouvez, il est vrai, ne pas les craindre, mais combien de vos compagnons de voyage risqueraient d'en être incommodés; n'allongez pas trop vos jambes, ne regardez fixement personne; ne souriez pas même à la pensée la plus grotesque, car vous auriez l'air de vous moquer de votre vis-à-vis ou de lui faire des avances.

Ne questionnez personne et ne répondez que par un simple *oui* ou *non* aux questions qui vous seraient faites.

Cela ne veut pas dire qu'il soit interdit par les convenances de parler en omnibus. Mais la conversation, si d'aventure elle s'engage, ne doit rouler que sur l'incident qui l'a amenée ou sur des lieux-communs tels qu'en comportent des rapports avec des gens qu'on n'a jamais vus et qu'on ne reverra probablement jamais.

Les femmes ont un double motif pour user de cette circonspection.

Par un temps de pluie on doit prendre bien garde, en montant en omnibus, de faire égoutter son parapluie sur les pieds ou sur les vêtements de ses voisins.

Les femmes auront soin de ramener autour d'elles leurs vêtements afin que le bas de leurs jupes, s'il est boueux, ne salisse pas les personnes devant qui elles passent pour gagner leur place.

Elles veilleront aussi à ne pas ensevelir sous l'ampleur de leurs robes leurs voisins, qui, de leur côté auront la courtoisie de se faire le plus petit possible et surtout de mesurer attentivement tous leurs mouvements, de manière à ne pas se rendre importuns.

Si des omnibus nous passons aux *chemins de fer*, nous nous trouvons en présence des mêmes précautions, des mêmes devoirs.

Ici encore le savoir-vivre est renfermé tout entier dans cette double maxime : « *Ne gêner personne; se rendre aussi utile et agréable que possible à tout le monde.* »

Si vous avez quelque objet dont l'odeur bonne ou mauvaise soit de nature à fatiguer une personne délicate : fleurs, comestibles, etc., ne les prenez pas avec vous en wagon, ou du moins informez-vous si personne n'en souffrira.

Ne fumez pas sans vous assurer que les personnes présentes ne craignent pas l'odeur du tabac, et si parmi ces personnes se trouvent des femmes, abstenez-vous complètement de fumer, à moins qu'elles ne prennent l'initiative de vous y engager.

Une femme voyageant seule doit, dans les trains où il existe des compartiments réservés aux dames, choisir ces compartiments.

Sinon, elle a d'autant plus droit aux égards et au respect d'un homme bien élevé, qu'elle n'a personne pour la protéger.

Certaines gens s'imaginent se rendre intéressants en racontant en wagon toutes les histoires qui leur reviennent en mémoire, d'accidents de chemins de fer ; et ils sont tout triomphants quand ils voient les visages pâlir à ces récits.

Il y a là plus que de l'inconvenance, il y a manque de cœur.

La frayeur est la pire des souffrances ! Pourquoi chercher à la provoquer sans motif ?

II

Du savoir-vivre dans les établissements publics.

XIII. *Règles générales* : « Il est de mauvais ton d'entrer dans un établissement public le chapeau sur la tête.

« Certains hommes ont l'habitude de ne pas se découvrir quand ils entrent dans un magasin, c'est un tort.

« Si le magasin est tenu par des femmes, il convient même d'y garder la tête découverte.

« Il est gênant pour les autres, et par conséquent malséant de causer trop haut dans un café, dans un restaurant et surtout dans un cabinet de lecture.

« Si le garçon du restaurant ou du café demande pour un autre consommateur la carte que l'on consulte, le journal qu'on lit, on doit faire attendre ces objets le moins possible.

« Si on désire rallumer son cigare à celui d'une autre personne, on le lui demande poliment et on a soin de ne pas toucher de la main le cigare qui est présenté.

« Un homme comme il faut ne danse jamais dans un bal public; il se garde même d'y entrer, à moins qu'une circonstance étrangère au bal ne le force à s'y montrer quelques instants.

« Sous aucun prétexte il n'y conduit sa femme et encore bien moins ses enfants. »

XIV. *Au théâtre.* Si nous abordons ici le sujet du théâtre, ce n'est pas que nous conseillions la fréquentation du spectacle. Loin de là : nous croyons que les émotions qu'il procure ne sont bonnes pour personne et nous les tenons comme très-dangereuses pour la jeunesse.

Mais il est des circonstances où on peut s'y trouver forcément entraîné; il est des familles qui ne partagent pas ce qu'elles appellent *notre rigorisme*, et ce traité s'adressant à tous ceux qui veulent connaître les convenances, force nous est de ne pas omettre un des sujets qui exigent le plus de *savoir-vivre.*

Cette restriction posée, entrons en matière :

Si vous accompagnez des dames et que vous ayez une loge, vous les faites placer au premier rang et vous vous asseyez derrière elles.

Vous ne devez ni vous pencher sur le dossier de leurs siéges, ni leur parler à l'oreille, ni attirer leur attention sur d'autres personnes par des gestes faits avec la main ou la lorgnette.

De leur côté, elles ne se retourneront pas pour rire et causer, mais si elles ont quelques observations à faire, elles se détourneront à demi et éviteront d'élever la voix.

Il est des gens qui affectent d'arriver très-tard au théâtre et d'y faire une entrée bruyante. Laissez ce travers aux sots ou aux vaniteux.

Ne prenez la place de personne; si cela vous arrive par ignorance ou par mégarde, excusez-vous poliment. Alors même que vous seriez dans votre droit, abstenez-vous de discuter.

Une querelle de théâtre comme une querelle de café ou de restaurant n'est guère plus honorable pour celui qui a raison que pour celui qui a tort.

Mais revenons au théâtre : Le rideau levé, découvrez-vous, interrompez toute conversation. Écoutez en silence, sans accompagner de la tête ou des mains le chef d'orchestre, ce qui serait insupportable pour vos voisins; sans chantonner entre vos dents les morceaux que l'on joue, ce qui leur agacerait les oreilles; sans raconter la pièce et annoncer les coups de théâtre, ce qui leur gâterait le plaisir de la surprise.

Enfin et surtout « ne vous endormez pas au théâtre ». Si l'ennui ou le sommeil vous gagne, retirez-vous, personne ne vous force à rester.

XV. *Chez les marchands.* Dans les magasins, soyez polis et discrets. Expliquez ce que vous voulez de manière à ne pas faire déplacer cent objets avant qu'il s'en trouve un qui vous convienne.

« *Le temps est de l'argent.* » Songez-y, et vous deviendrez économe de celui d'autrui et du vôtre.

Si l'on vous montre des bijoux et autres objets de prix, touchez-les le moins possible.

Si pour un motif ou pour un autre le marchand s'éloigne, écartez-vous de quelques pas ou asseyez-vous à quelque distance du comptoir, de manière à ce qu'on ne puisse vous supposer aucune mauvaise intention.

Quand un article ne vous convient pas, refusez-le, mais sans le déprécier. Vous n'avez pas le droit d'imposer votre appréciation au marchand et encore moins celui de le blesser ou de l'humilier.

Si vous avez été mécontent d'objets achetés et livrés, choisissez pour lui faire des reproches le moment où le marchand est seul. Vous ménagerez ainsi sa susceptibilité et ses intérêts.

Abstenez-vous devant des tiers de toute observation ou critique qui pourrait donner motif à une dépréciation de la marchandise offerte, ou détourner le client d'un achat.

Ne parlez de ce qui se trouve dans un autre magasin ni pour le critiquer, ni pour le louer.

Dans le premier cas, ce serait faire l'article en faveur de l'un au détriment de l'autre; dans le second, ce serait vous exposer à nuire ou au moins à être désagréable au marchand chez qui vous vous trouveriez.

Une femme qui a la bonne habitude de faire elle-même *son marché* ne doit être ni tracassière, ni impolie avec les marchands; elle doit surtout éviter toute observation qui pourrait déprécier une denrée et nuire à la vente.

En refusant un objet à cause du prix, elle ne doit pas dire que cet objet est trop cher, mais simplement qu'il dépasse la somme qu'elle veut y mettre.

Elle évitera ainsi à la marchande tout prétexte d'être impolie à son égard et, en somme, elle s'évitera à elle-même le danger d'une fausse et injuste appréciation, car non-seulement rien n'est variable comme le cours des halles, mais encore il est fort rare de rencontrer, en dehors des gens du métier, une personne capable d'estimer la qualité et la valeur réelle des objets, même de consommation journalière.

Les femmes qui se prétendent infaillibles à cet égard

sont souvent celles qui se laissent le plus aisément tromper.

On doit tâcher de trouver des marchands de confiance et s'en rapporter à eux.

Il faut aussi se défier *du soi-disant art de marchander*. Le mieux est, autant que possible, de s'adresser à des maisons à prix fixe.

Mais ce dont il faut se garder surtout, c'est des soi-disant *occasions*.

Non-seulement le bon marché est la ruine des ménages par la quantité d'objets qu'il porte à accumuler sans nécessité et, souvent même, sans le moindre besoin, mais encore il est fort rare que l'on rencontre de véritables *occasions*.

Les marchands ne font point la guerre à leurs dépens, et quand ils offrent un objet au-dessous du cours, c'est que cet objet est ou de qualité inférieure ou qu'il a quelque défaut caché.

Il faut donc se défier, mais il faut garder sa défiance pour soi et ne pas la formuler brutalement devant un étalage.

XVI. *Dans les bureaux d'administration*, on est tenu à des formes plus réservées encore que chez les marchands.

Ceux-ci, s'ils éprouvent quelque ennui par votre fait, ont du moins la compensation du profit qu'ils font sur vous; l'employé, lui, pour vous satisfaire, n'a, si vous êtes exigeant, qu'un surcroît de peine. La réclamation, le renseignement que vous venez lui demander exigent un travail souvent fastidieux; n'y ajoutez pas le froissement d'un ton impérieux, de manières arrogantes ou dédaigneuses.

En somme, il est payé pour faire son service et non pour subir votre manque de convenances.

N'entrez dans aucun bureau le cigare aux lèvres; vous forceriez l'employé à formuler le : *Monsieur, on ne fume pas*, qui n'est agréable ni à dire, ni à entendre.

N'entassez pas paroles sur paroles, questions sur questions. Soyez clair et précis.

3

S'il s'agit de questions que vous ne compreniez pas bien, faites ou faites faire à l'avance une note qui vous permette de vous bien expliquer.

Si vous avez à attendre votre tour, et que cette attente soit longue, réprimez toute marque extérieure d'impatience ou d'ennui; abstenez-vous de toute observation critique, de toute plaisanterie, de toute allusion.

Avez-vous à vous plaindre d'un manque sérieux de forme ou de quelque erreur préjudiciable, adressez-vous à qui de droit, mais ne faites pas dans le bureau ce qu'on appelle *une scène*.

En un mot, n'oubliez pas que les agents d'une administration quelconque ne sont pas à votre service, que vous n'avez pas d'ordre à leur donner, de réprimande à leur adresser.

III

Des visites et des présentations.

XVII. *Les visites*, si elles exigent, ainsi que nous l'avons vu, une sérieuse attention de la part des personnes qui les reçoivent, assujettissent celles qui les font à des règles non moins sévères et minutieuses.

Les visites, assure-t-on, sont la pierre de touche de celui qui les fait; il y montre son tact ou sa gaucherie, sa finesse d'esprit ou sa nullité, son ignorance ou son mérite.

On compte différentes sortes de visites : les visites d'étiquette et indispensables, et les visites d'amitié.

Il y a les visites de félicitations, de condoléances, de remerciements, de noces, et enfin les visites du jour de l'an, et celles obligatoires après une invitation à dîner, que cette invitation ait été ou non acceptée.

Ce sont ces dernières que les gens qui n'ont pas le sentiment de la délicatesse de notre langue appellent « *visites de digestion !* » sans avoir l'air de se douter que ce nom rappelle un souvenir qui soulève le cœur.

Qu'un membre de quelque administration, qu'un homme qui appartient à la magistrature ou à l'armée arrive dans une ville, il est tenu à aller immédiatement présenter ses devoirs, non-seulement à ses supérieurs, mais à toutes les autres personnes qui font partie du même milieu social.

Qu'un habitant d'une ville s'absente, il doit une visite d'adieu à sa parenté, à ses connaissances, lesquelles à son retour lui doivent une visite de bienvenue.

Un homme d'affaire, un négociant est assujetti à des visites forcées envers ses clients, ses commettants. C'est là pour lui l'occasion de déployer tout son savoir faire afin de gagner la confiance des uns, de consolider celle des autres.

Tantôt ce genre de visites est ouvertement intéressé et le visiteur a le champ libre pour faire *l'article*; tantôt — et c'est le plus souvent — la visite revêt un caractère de simple politesse. Il faut alors une grande finesse et beaucoup de tact pour qu'elle devienne profitable aux relations commerciales sans que le chapitre affaire soit abordé.

Quel que soit le but et le caractère d'une visite, elle exige que celui qui la fait se présente à tous égards convenablement.

Convenablement comme costume. Il ne serait pas séant en effet, surtout dans le cas d'une visite officielle ou de cérémonie, que la personne que vous avez visitée vous rencontrât dans la rue ou dans une autre maison mieux vêtu que vous n'étiez chez elle.

Il ne serait pas convenable non plus que vous vous présentiez avec une toilette claire et à effet chez une personne dans le chagrin ou en deuil.

Le même motif de sympathies et d'égards pour la personne chez qui vous vous présentez veut que vous n'attristiez pas un malade par un costume sombre et sévère qui pourrait lui sembler le prélude de son deuil.

Convenablement comme manières et comme conversation.

Comme manières, en s'assujettissant aux règles que nous allons indiquer.

Comme conversation, en prenant soin d'harmoniser ses paroles et surtout le ton sur lequel elles sont dites avec l'objet de la visite et la disposition d'esprit connue ou présumée des personnes chez qui on se trouve.

Convenablement enfin comme tact, c'est-à-dire comme discrétion.

XVIII. *La discrétion des visiteurs* se manifeste par le soin qu'ils ont de ne jamais faire de visites à l'heure du déjeuner ou du dîner, afin de ne pas donner à penser qu'ils viennent quêter une invitation.

Une visite de cérémonie ne doit pas avoir plus de dix à quinze minutes de durée. La prolonger au-delà est un manque de savoir-vivre.

Les heures réservées aux visites sont, à Paris, de deux à six heures du soir.

On ne fait pas de visites de condoléances quand on est soi-même en grand deuil.

Si les domestiques d'une maison où l'on se présente en visite disent que leurs maîtres sont sortis, on ne doit pas insister, quelque certitude que l'on ait du contraire.

En l'absence des maîtres, on évite soigneusement tout ce qui pourrait ressembler à une sorte d'enquête auprès des domestiques.

A moins qu'on soit prié d'attendre ou que l'on ait besoin de laisser quelques mots et qu'on demande à entrer pour écrire, on doit se retirer immédiatement et sans même franchir le seuil de la porte des appartements.

Laissez votre carte dont vous avez soin de plier un angle; c'est la preuve de votre visite.

Le nom et la demeure doivent être seuls indiqués sur la carte. — Tout au plus une couronne pour les personnes qui ont un titre.

Une femme ne met pas d'adresse sur sa carte, à moins que, par suite de ses occupations ou des œuvres auxquelles elle s'intéresse, elle soit exposée à faire des visites à des personnes dont elle n'est pas connue et qui ont intérêt à savoir où la trouver.

Les visites d'amitié se font en tout temps et à toute heure. Il est bon cependant d'étudier les habitudes de ses amis, afin de ne point les déranger.

La toilette de gala est, dans ces sortes de visites tout à fait superflue, et aurait presque besoin d'être excusée, sauf les jours de réception ou d'invitation, alors qu'on sait qu'on se rencontrera avec des étrangers.

Quelque intime que vous soyez dans une maison, ne vous croyez pas le droit d'indiscrétion. N'entrez jamais sans sonner ou frapper. Ne dites pas à un domestique en parlant de ses maîtres : « *Sont-ils* chez eux » mais « *Monsieur, Madame* sont-ils chez eux. »

En aucun cas, n'employez ni un prénom, ni même le nom de famille d'une personne sans le faire précéder de *Monsieur* ou de *Madame*, quand vous parlez de cette personne à ses domestiques, à ses employés, en un mot, à ses subordonnés à quel titre que ce soit.

XIX. *Les visites obligatoires*, même quand elles se font à des amis, sont toujours des visites de cérémonie et, comme telles, exigent pour les hommes l'habit noir (1), pour les femmes une toilette en harmonie avec leur position et leur fortune.

« Ces visites ne doivent pas durer plus de cinq à six minutes.

« A ses supérieurs et à ses grands parents, on les fait dès la veille.

« Il est de rigueur de faire une visite de nouvel an à toutes les personnes avec lesquelles on tient à conserver de bonnes relations (2).

(1) L'habit noir n'est plus d'une rigueur absolue que pour les visites officielles et les visites de noces. En tout autre cas, la redingote et même ce qu'on appelle le costume de fantaisie, est tolérée. Nous croyons qu'un homme réellement de *bonne compagnie* ne doit profiter que le moins possible de cette tolérance.

(2) A Paris et dans la plupart des villes, ces visites se font maintenant par cartes, sauf chez les proches.

« Celles des père, mère, oncles, tantes, frères et sœurs se font le jour de l'an même.

« On a toute la semaine pour celles à faire au reste de sa parenté.

« Et tout le mois pour ses amis et connaissances.

« On doit une visite ou une carte, dans la quinzaine qui suit le mariage, au père et à la mère des mariés qui vous ont invités à la bénédiction nuptiale de leurs enfants.

« Quant aux mariés, on attend leur visite qu'on leur rend dans la quinzaine. »

Une simple lettre de part ne demande en retour que l'envoi d'une carte.

Après une invitation à une soirée, qu'on en ait ou non profité, on doit une visite dans le mois.

Une visite dans la quinzaine ou l'envoi immédiat d'une carte, selon le degré d'intimité, est due à toute personne qui, ayant perdu un parent, vous en a fait part.

Apprenez-vous qu'une personne de votre connaissance a éprouvé un malheur, une disgrâce, empressez-vous d'aller lui exprimer *vous même* la part que vous y prenez.

S'agit-il au contraire d'un avancement, d'une faveur, bornez-vous à féliciter *par carte*; on pourrait supposer à votre visite une arrière-pensée de sollicitation, de flatterie.

XX. *L'usage qui règle le cérémonial des visites* veut qu'on laisse son paletot ou son surtout ainsi que sa canne ou son parapluie dans l'antichambre.

On garde au contraire son chapeau (1) que l'on conservera tout le temps à la main, à moins qu'on ne

parents et chez les supérieurs immédiats. — On doit à cet égard s'informer des usages du pays que l'on habite et s'y conformer.

(1) Cette règle ne s'applique qu'aux visites. Pour les bals et soirées, le chapeau se laisse dans l'antichambre ou au vestiaire, à moins qu'on ait un *chapeau-claque*, auquel cas on le garde sous le bras.

soit invité par les maîtres de maison à s'en débarrasser.

En ce cas, il ne faut le poser ni entre ses genoux, ni par terre, ni surtout sur le lit, s'il s'en trouvait un dans la pièce où l'on est reçu.

S'il y a du monde dans le salon, inclinez-vous, dès le seuil de la porte, comme acte de politesse générale, puis approchez-vous de la maîtresse de la maison pour la saluer.

Vous vous détournerez ensuite pour adresser un salut aux personnes que vous connaissez.

Attendez que la maîtresse de la maison se soit assise pour vous asseoir vous-même.

Prenez le siège qu'elle vous indique; faire des cérémonies pour l'accepter serait donner à entendre que vous appréciez mieux qu'elle les convenances.

Un homme doit toujours se lever quand une femme entre dans un salon. Pour un homme, à moins qu'il ne s'agisse d'un grand personnage, il suffit de se soulever en faisant une inclination.

Une femme ne se lève jamais à l'entrée d'un homme; elle se soulève à demi pour une femme à moins qu'occupant le coin du feu ou la place d'honneur près de la maîtresse de la maison, elle ait le devoir de se lever pour la céder à la nouvelle venue.

Il convient que, si la personne qui arrive n'est pas de l'intimité de celle qui est déjà en visite, cette dernière, si elle se trouve seule avec la maîtresse de la maison, se retire.

S'il y a cercle, c'est-à-dire si un certain nombre de personnes sont réunies, l'entrée de nouvelles visites n'oblige personne à se retirer, à moins que le salon soit menacé d'encombrement.

Quelque nombreux que soient les visiteurs dans une visite de jour, les conversations particulières sont peu polies. Chacun doit se mêler à la conversation générale et y apporter sa part d'entrain et d'intérêt, tout en en laissant la direction à la maîtresse de la maison.

Un jeune homme, une jeune personne doivent, à

moins qu'on les y invite formellement, éviter de s'asseoir sur un fauteuil quand il y a des chaises dans un salon.

Chez leurs parents, ils ne doivent, sous aucun prétexte, se le permettre. Encore bien moins est il convenable qu'ils se placent sur un canapé.

Quels que soient votre âge et votre position, sauf le cas d'infirmité ou de maladie, tenez-vous droit sur votre siége, les pieds sur la même ligne et assez rapprochés l'un de l'autre.

Se renverser en arrière, s'accouder aux bras de son fauteuil, croiser les jambes, les écarter ou les balancer, agiter la pointe des pieds ou frapper du talon, retirer ses gants, tout cela révèle un manque complet d'usage.

N'ayez pas l'air d'inspecter les meubles du salon, encore bien moins de détailler la toilette des personnes présentes.

Dans une conversation, ne couper jamais la parole à personne.

N'élevez pas la voix comme vous parleriez à des sourds.

Ne déclamez pas, ne pérorez pas, ne racontez pas longuement ; en revanche, *sachez écouter !*

XXI. *Savoir écouter* ne consiste pas seulement à garder le silence mais bien à montrer par l'expression de ses traits et de son regard, par son attitude tout entière qu'on prête toute son attention à ce qui se dit.

« Les hommes, en effet, aiment peu à admirer ; ils veulent plaire ; ils cherchent moins à être instruits et même amusés qu'à être goutés et applaudis. » C'est donc « une qualité rare et un don précieux de savoir se taire, » ce qui a fait dire à un sage de l'antiquité : « Les hommes nous apprennent à parler mais ce sont les Dieux qui nous apprennent à nous taire. »

Pendant que vous êtes en visite, apporte-t-on une lettre ou un paquet, insistez pour que les maîtres de la maison en prennent connaissance sur-le-champ.

S'ils s'y refusent, ne tardez pas à leur rendre leur liberté en vous retirant.

S'ils lisent devant-vous, ayez soin de détourner la tête, non-seulement de manière à ne pas même voir la date et la signature, mais encore à ne pas avoir l'air de chercher dans les traits du visage l'impression produite par la lecture.

Surtout ne hazardez aucune question directe ou indirecte sur la nature de la nouvelle annoncée, le nom de celui qui a écrit, etc.

Des lettres, des paquets sont-ils ouverts sur la cheminée ou sur une table, évitez de vous en approcher. La discrétion est la première condition du *savoir-vivre.*

Ne posez jamais de questions; ne parlez jamais de vous-même; accoutumez-vous à vous entretenir *des choses* et jamais des *personnes,* à moins que ce soit pour en dire du bien; ne laissez pas médire des absents sans les défendre, autant que votre âge et votre position le permettent, et vous aurez le trop rare mérite de vous conformer en même temps aux principes de la charité chrétienne et aux règles des véritables convenances sociales.

Demander l'heure qu'il est, consulter sa montre pendant une visite, n'est toléré que pour les personnes que l'on sait être occupées ou attendues à heure fixe.

Dans tout autre cas, c'est une marque de fatigue et d'ennui au moins impertinente.

Ne vous levez jamais pour partir au milieu d'une conversation animée; attendez qu'elle ait pris fin.

Ne faites pas de phrases pour prendre congé, un salut et quelques mots de politesse suffisent.

Un homme ne doit pas souffrir qu'une maîtresse de maison l'accompagne au-delà du seuil de la porte de son salon.

Une femme accepte pour descendre l'escalier le bras du maître de la maison si celui-ci a le bon goût de le lui offrir, et se laisse conduire par lui jusqu'à la porte de la rue si elle est à pied, jusqu'à sa voiture si elle en a une qui l'attend.

Si en descendant ou en montant l'escalier de la

maison où l'on va en visite, un homme rencontre quelqu'un, il se découvre, une femme s'incline.

Un homme s'efface pour laisser passer une femme ; il lui cède le côté de la rampe.

Entre hommes ou entre femmes, c'est ordinairement celui ou celle qui monte qui s'efface pour laisser passer celui ou celle qui descend.

N'entamez pas de conversation sur le seuil de la porte ou dans l'escalier ; ne faites pas des cérémonies à qui passera ou ne passera pas, surtout n'y retenez pas la personne qui vous accompagne et que cette personne soit un des maîtres de la maison ou simplement un domestique, ne remettez votre chapeau sur la tête que lorsqu'elle vous a perdu de vue.

Peu de personnes sont assez ignorantes des usages pour se permettre de cracher par terre dans un appartement ; mais il en est beaucoup qui ne se croient pas astreintes au même ménagement dans l'escalier.

Elles se trompent. Il est de leur devoir de s'abstenir à cet égard jusque bien après avoir dépassé le seuil extérieur.

En effet, cracher immédiatement en sortant d'une maison pourrait-être pris pour un signe de dégoût ou de mépris.

Je vais plus loin à ce sujet, et bien que cette observation semble ne pas avoir ici sa place, je la fais tandis que j'y pense : évitez dans la rue, à la promenade, de cracher quand vous croisez quelqu'un ; il y a des gens assez malheureusement doués, sous le rapport de la susceptibilité, pour s'imaginer que c'est un signe méprisant que vous leur adressez.

Or, si nous devons mettre tout en œuvre pour nous affranchir de toutes susceptibilités, nous devons apporter le même soin à ménager les autres.

La susceptibilité n'est pas un simple défaut, c'est une véritable maladie morale, laquelle devient incurable et par suite tout à fait digne de pitié et d'égards quand elle est négligée au début.

XXII. *Les visites à la campagne* comportent on le comprend certaines variantes à ce que nous venons de dire :

Toute visite à la campagne réclame de ceux chez qui l'on va une invitation à dîner et, pour peu que la distance soit grande, à coucher.

Il est donc convenable de ne faire de ces sortes de visites que lorsque le désir de vous recevoir vous a été plusieurs fois exprimé.

Nous ne parlons bien entendu que des visites faites à une certaine distance et non de celles qui s'échangent, dans la banlieue d'une grande ville avec des communications aussi faciles et aussi fréquentes qu'en ville même.

S'il s'agit d'un séjour d'une certaine durée, ayez égard au temps, aux personnes, à leurs goûts, à leurs occupations.

Il faut toujours prendre garde de n'être pas à charge *même* — je devrais dire *surtout* à ses amis.

Il importe de n'être pas exigeant, de déranger le moins possible le service de la maison, de ne pas se faire attendre, en un mot, de n'être jamais et en rien importun.

Certaines personnes commandent plus volontiers chez les autres que chez elles. On les voit user de tout, fureter partout, s'immiscer à tout ce qui se fait et se dit. Elles appellent cela « du sans-façon »; ceux qui les connaissent disent « *de l'indiscrétion de la pire espèce.* »

Les mots : « *Vous êtes chez vous* » par lesquels un homme bien appris accueille ses hôtes, ne doivent pas être pris à la lettre.

C'est au cours de ces visites que la propreté sur soi et dans son appartement doit être minutieusement observée.

Il serait impoli de sortir de sa chambre sans être en tenue convenable.

Abstenez-vous de réclamer des domestiques aucun autre soin personnel que ceux d'usage qu'ils vous donneront d'eux-mêmes.

N'ayez pour eux que des paroles obligeantes ; ne provoquez et ne tolérez aucun propos indiscret, aucune critique, aucun cancan ni sur la maison, ni sur ceux qui s'y trouvent avec vous.

Surtout ne quittez pas la maison sans distribuer, entre les domestiques qui vous ont servi, une généreuse gratification.

On prétend que dans quelques châteaux, il est maintenant d'usage, afin d'éviter aux hôtes l'embarras de distribuer ces gratifications, de placer un tronc à cet effet dans le vestibule.

Je n'oserais démentir cette assertion, n'ayant pas été à même d'en contrôler l'exactitude ou la non exactitude, mais je dirai que si cet usage existe, on ne saurait trop le regretter et en combattre la propagation.

Ce *tronc en faveur des domestiques* répugne à la délicatesse de notre ancienne hospitalité.

La gratification aux domestiques a quelque chose qui embarrasse et celui qui l'offre et ceux qui la reçoivent. Aussi le premier la glisse-t-il dans la main comme à la dérobée, en l'accompagnant de paroles inintelligibles, et les seconds n'en constatent-ils la valeur qu'après avoir remercié et à l'abri des regards du donateur.

Prenez garde, pendant votre séjour, de rien salir, de rien briser.

Cependant, si un accident de ce genre vous arrive, n'ayez pas l'air d'y attacher plus d'importance que les maîtres de la maison ont la politesse de paraître y en appporter eux-mêmes.

N'ayez pas surtout la maladresse de vouloir remplacer l'objet cassé, ce serait une grossière impolitesse ; seulement, s'il s'agit de quelqu'une de ces élégantes bagatelles auxquelles on tient, offrez à la première occasion un objet du même genre.

XXI. *Les cartes de visite* prennent chaque jour une part plus large dans les usages de la vie sociale.

Destinées dans le principe à laisser trace d'une visite

chez des personnes absentes ou peu disposées à recevoir, elles s'envoient aujourd'hui à domicile comme des lettres de faire part.

Cela s'appelle *des visites par carte.*

Ces sortes de visites qui, au début, paraissaient fort choquantes, mais qui sont maintenant parfaitement acceptées, ont cours dans les cas suivants :

1° Après un malheur, un accident ou une disgrâce, en manière de condoléance ;

2° Après un bonheur ou un succès, en manière de félicitations ;

3° En réponse à une invitation quelconque ;

4° Pour prendre congé quand on va à la campagne où en voyage ;

5° Pour annoncer son arrivée ou son retour.

Ces cartes doivent être en nombre égal à celui des maîtres de la maison à qui on les adresse. Ainsi, dans les familles composées de la mère, de sa fille mariée et de son gendre, il y a lieu d'envoyer trois cartes.

A la rigueur, cependant, deux peuvent suffire, le mari et la femme pouvant n'être considérés comme ne faisant qu'un.

Les enfants ne comptent pas.

Les demoiselles non plus, à moins qu'ayant passé l'âge où l'on se marie habituellement, elles aient pris dans le monde l'aplomb et les habitudes d'une femme mariée. Il y a là une nuance indépendante de l'âge et qui doit être soigneusement examinée.

Une demoiselle, sauf le cas précité, n'a pas non plus de cartes à elle, mais son nom peut être mentionné sur les cartes de sa mère.

Dans ce dernier cas, on se gardera des mots « *et sa demoiselle* » ; on mettra simplement « *et sa fille* ou *et ses filles* ».

XXII. *Une audience de ministre* doit être demandée par écrit au secrétariat du ministère.

Cette demande, que l'on peut mettre à la poste en l'affranchissant, doit indiquer le motif pour lequel on la fait.

L'audience obtenue, il importe de se montrer exact et d'arriver un peu avant l'heure indiquée.

L'étiquette ne fixe rien au sujet de la toilette, qui doit être pour les femmes très-simple, mais de bon goût.

Les hommes ne sont pas astreints à l'habit, mais leur costume doit être aussi irréprochable que possible.

Dans la salle d'attente, ne causez pas, ne vous mettez pas à l'aise, ne vous promenez pas; gardez-vous surtout de signes d'impatience.

L'homme qui va vous recevoir a en main les plus graves intérêts sociaux, et toute audience ne doit venir qu'après. Il lui est donc permis de faire attendre ses visiteurs sans qu'aucun d'eux ait le droit de s'en *étonner*; — remarquez que je ne dis pas de s'en *offenser*.

Une visite d'audience de même qu'une pétition doit être aussi abrégée que possible. Sachez donc d'avance ce que vous voulez dire et comment vous voulez le dire.

Les audiences ont lieu d'ordinaire debout, et un léger mouvement de celui qui l'accorde en indique le terme.

Soyez attentif à saisir ce mouvement, afin de vous éviter à vous et à celui qui vous reçoit le désagrément d'être ouvertement congédié.

XXIII. *Les bals et les soirées* exigeant toujours une tenue de cérémonie, les lettres d'invitation doivent être adressées au moins huit jours d'avance.

On répond à une invitation de ce genre par l'envoi d'une carte, sans pour cela engager en rien sa liberté d'action.

On est en effet libre jusqu'au dernier moment d'accepter ou de ne pas accepter, les maîtres de maison ne basant pas leurs préparatifs, comme dans un dîner, sur le nombre précis des personnes présentes.

N'arrivez ni trop tôt ni trop tard à une soirée. Ayez soin, avant d'entrer, de jeter un dernier coup d'œil sur votre costume, boutonnez vos gants, en un mot, que votre tenue ne laisse rien à désirer.

Autant les femmes invitées doivent apporter de soin à déployer dans leur toilette toute la recherche que comporte leur fortune et leurs habitudes d'élégance, autant les femmes de la maison où l'on reçoit doivent être simples dans leur costume.

On ne doit pas retirer ses gants dans une soirée, même dans le cas où ils viendraient à se déchirer.

Il n'est pas convenable d'inviter une dame au moment où se font entendre les premières mesures de l'orchestre. Cela équivaut à lui dire ou qu'on la considère comme un pis-aller, ou qu'on a pitié de son abandon.

Une femme qui a refusé un danseur sous prétexte de fatigue ne doit plus accepter aucune invitation.

Une femme qui tient aux convenances ne confie à aucun autre homme qu'à son mari, son éventail, son bouquet, son mouchoir.

Une jeune femme ne va jamais seule en soirée.

Un homme montre son savoir-vivre par ses prévenances, son respect pour les personnes âgées :

Par son amabilité et ses attentions pour les femmes qu'il a garde de fatiguer, voire même d'offenser, par des madrigaux et des compliments ;

Par le soin qu'il met à ne pas parler trop souvent aux mêmes danseuses et à éviter toute familiarité et tout empressement qui pourraient les compromettre ;

Par la réserve avec laquelle il dispense la louange ou la critique.

La phrase d'usage pour inviter une dame est celle-ci : « Madame ou Mademoiselle veut-elle me faire l'honneur de danser avec moi le prochain ou le second..... quadrille ? »

La dame invitée peut, si elle accepte, se borner à répondre par une simple inclination de tête. Si elle refuse, elle doit donner l'explication de son refus.

Après la danse, on reconduit sa danseuse à la place qu'elle occupait avant et on la remercie en la saluant respectueusement.

Si on amène un ami dans une soirée, — ce qu'on ne fait que quand on y est autorisé ou que l'on sait que la maîtresse de la maison, à court de danseurs, sera bien aise qu'on lui en recrute, — on le présente d'abord et nominativement à la maîtresse et au maître de la maison, après quoi on a soin de lui désigner les personnages importants qui sont présents, afin qu'il ne lui arrive aucune maladresse dans sa conduite avec eux.

Un homme poli met à profit toutes les occasions de rendre quelque petit service aux dames; il leur évite toute peine, leur procure les rafraîchissements qu'elles désirent, les débarrasse du verre ou de la coupe vides, ramasse le mouchoir qu'elles laissent tomber, etc.

Il faut toutefois prendre garde que ces petits soins ne se transforment pas en importunité, encore moins en obséquiosité.

Autant en effet l'*homme poli* est prisé, estimé, recherché dans le monde, autant l'*homme obséquieux* est ridicule, insupportable. Ceux qui ne se moquent pas de lui le fuient comme la peste.

A une soirée littéraire ou musicale, personne ne doit profiter du moment où l'on fait de la musique, où l'on chante, où l'on fait une lecture, etc., non-seulement pour quitter le salon, mais encore pour y entrer.

Aucun mouvement, aucun bruit ne doit se produire; chacun doit écouter ou au moins avoir l'air d'écouter très-attentivement.

On n'applaudit pas dans un salon comme on le ferait au théâtre; on se borne à un murmure flatteur auquel les personnes autorisées par leur âge, leur position, leur compétence en la matière ajoutent seules quelques mots bien sentis.

Quand on veut se retirer, on le fait sans être remarqué.

Les amis intimes seuls sont tenus à prendre directement congé des maîtres de la maison.

Les autres personnes partent sans rien dire. Elles réservent leurs remercîments pour la visite qu'elles doivent faire dans la quinzaine.

Encore cette visite n'est-elle même pas de rigueur après les soirées fort nombreuses où la plupart des invités ne sont pas en rapports de visites régulières avec les familles dont ils ont été, pendant quelques heures, les hôtes d'occasion.

En ce cas, une carte suffit pour le moment. Je dis pour le moment attendu que toute personne qui, dans le cours d'une année, a assisté à une soirée dans une maison, doit aux maîtres de cette maison une carte au nouvel an.

XXIV. *Le jeu* occupe dans une soirée les personnes qui ne dansent plus, sauf les *mamans* et les *chaperons*, qui ne doivent pas quitter le salon où dansent les jeunes filles ou les jeunes femmes qu'elles ont pour mission de protéger.

Un jeune homme ne doit pas quitter la salle de bal.

Une jeune fille n'entre jamais dans le salon où l'on joue.

Une fois la partie engagée, les joueurs doivent être tout à leur jeu ; il leur est interdit d'avoir aucune conversation avec les assistants, de recevoir leurs conseils, etc...

Il est de très-mauvais goût de se réjouir quand on gagne, de se fâcher quand on perd.

Les réflexions critiques sur le jeu de son partner, les remarques railleuses sur les fautes de ceux qui perdent sont également interdites.

On ne quitte la table de jeu, quand on a gagné, qu'après avoir offert une revanche à celui qui perd.

Les dettes de jeu sont réputées — bien mal à propos à notre avis — *dettes d'honneur* et doivent se payer dans les vingt-quatre heures.

Avis à quiconque serait tenté d'exposer plus qu'il n'est en mesure de perdre !...

IV
Des dîners en ville.

XXV. *Une lettre d'invitation à un dîner* exige une réponse, qu'on accepte ou non l'invitation.

Cette réponse doit être courte et très-claire, afin qu'il n'y ait pas de malentendu possible.

Elle doit être immédiate, surtout si elle contient un refus, afin de donner aux maîtres de maison le temps

de remplacer, par un autre, le convive sur lequel ils ne
doivent pas compter.

Rien ne saurait dispenser les maîtres de maison de
donner le dîner auquel ils ont invité des convives ; rien
non plus — si ce n'est un empêchement absolu dont il
faudrait prévenir de suite — ne saurait dispenser une
personne qui a accepté une invitation de s'y rendre.

Dans le cas, assez rare j'en conviens, mais qui se
présente cependant plus souvent qu'on ne le pense, où
on serait invité à dîner dans une famille avec laquelle on n'aurait pas été jusque-là en relations
directes, il est indispensable d'y faire une visite —
non par envoi de carte, mais personnelle — avant le
jour du dîner.

XXVI. *Une invitation à dîner étant acceptée*, le premier, le plus important des devoirs est de ne pas se
faire attendre, c'est-à-dire d'arriver à l'heure précise
qui a été indiquée.

Plus tôt, on ferait preuve de manque d'usage ; plus
tard, vous occasionneriez de l'embarras à vos hôtes,
de l'ennui aux conviés, et vous vous exposeriez par
ce fait même à la malveillance et à la critique.

« Rien, en effet, plus que l'attente n'aigrit contre
celui qui la cause, et aucune attente n'est plus cha-
grine que celle d'un estomac affamé. »

Nous avons dit ailleurs dans quel ordre on passe du
salon dans la salle à manger, et comment les maîtres
de maison s'occupent du placement de leurs convives.

Refuser la place qui vous sera assignée sous prétexte
qu'elle est trop honorable serait une gaucherie équi-
valente à une impertinence ; il n'appartient à personne
de modifier les dispositions jugées convenables par un
maître de maison.

Laisser percer un mouvement d'amour-propre froissé
dans le cas où on se trouverait mal placé, serait non
moins inconvenant et maladroit.

S'asseoir avant que la maîtresse de maison se soit
assise serait le fait d'un mal-appris.

XXVII. *A table*, où vous voilà enfin assis, tenez-vous droit, sans vous pencher sur la table et sans vous en éloigner cependant, de manière à ce que, dans le trajet de votre assiette à votre bouche, la cuillère ou la fourchette puissent laisser tomber ce qu'elles contiennent.

Ne déployez pas entièrement votre serviette, n'en passez pas un bout dans le revers de votre gilet, laissez-la simplement ouverte sur vos genoux.

N'employez que la cuillère pour manger le potage.

Ne coupez pas votre pain avec le couteau; rompez-le avec les doigts.

« Ne mangez pas de la main gauche », mais bien de la main droite, en ayant soin, par conséquent, de poser le couteau quand vous avez coupé les morceaux, et de le remplacer par la fourchette. Ceci est *la manière de manger française* la plus gracieuse et la seule reçue en chez nous.

Ne portez jamais le couteau à la bouche, ne vous en servez pas pour pousser les morceaux sur la fourchette; ne coupez pas les morceaux à l'avance.

Ne mangez ni trop vite, ni trop lentement.

Ne faites jamais passer à d'autres l'assiette que vous envoie la maîtresse de la maison. C'est une impolitesse.

N'essuyez pas votre assiette avec du pain.

Ne déposez aucun reste sur la nappe.

Ne prenez rien avec les doigts, si ce n'est cependant un os de poulet ou de gibier à plumes; ou encore les asperges, les feuilles d'artichaut, les fritures de petits poissons comme goujons et éperlans, les écrevisses, les petits pâtés, les radis ainsi que les fruits et pâtisseries sèches.

Remarquez que je ne parle pas de la salade !!

Prenez garde, en cherchant à diviser deux os fortement adhérents, de faire jaillir du jus ou de la sauce sur la table ou sur vos voisins. Si donc vous rencontrez quelque difficulté, abandonnez plutôt le morceau.

S'il vous manque ou du pain ou de l'eau, vous faites

un signe au domestique, qui d'un coup-d'œil saisit ce dont vous avez besoin et vous l'apporte.

Dans tous les cas il s'approche, et à demi-voix vous lui demandez ce qu'il vous faut.

S'il s'agit d'eau, vous vous gardez bien d'élever la carafe vide au-dessus de votre tête; vous l'indiquez de l'œil ou tout au plus du doigt.

S'il arrivait que votre assiette contînt quelque chose de répugnant, ne le faites voir à personne, réprimez tout geste de dégoût, rendez votre assiette au domestique, mais sans observation.

Attendez pour boire que votre bouche soit vide, essuyez-la, buvez posément et sans bruit.

Ne gesticulez ni avec le couteau, ni avec la fourchette; ne les heurtez pas contre votre assiette, ne les posez pas à plat sur la nappe de façon à la tacher.

N'appelez pas le vin de Bordeaux, le vin de Champagne « du bordeaux » ou « du champagne » tout court.

Ne soufflez ni sur le potage, ni sur aucun mets trop chaud; laissez-les refroidir sur l'assiette.

Surtout gardez-vous de vous servir jamais du cure-dent. C'est là un soin de propreté fort répugnant à soi-même et dont nul n'a le droit d'infliger la vue aux autres.

On ne trinque plus à table; c'est un usage abandonné. Il est cependant certains dîners — dîners officiels, dîners de fête, etc. — où au dessert on porte des santés; c'est ce qu'on appelle des *toast*. Ces sortes de santés ne sont autre chose que des petits discours ordinairement préparés d'avance. Les maîtres de maison et les personnages jouissant d'une certaine notoriété ont seuls le droit de se produire ainsi en public.

Les assistants doivent écouter avec attention et se lever au moment où l'on choque les verres.

Tout homme placé entre deux dames doit causer alternativement avec chacune de ses voisines.

Un homme bien élevé n'offre jamais à une dame de partager un fruit avec elle.

Encore moins conserve-t-il une partie de son dessert pour le mettre dans sa poche.

Il ne sent pas son vin avant de le boire, il ne fait pas claquer sa langue après l'avoir bu; il ne mire pas de l'œil ce qui reste dans son verre.

Le signal étant donné par la maîtresse de maison de passer au salon, chaque convive pose sa serviette *sans la plier* sur la table, au côté droit de son assiette.

XXVIII. *Après le dîner*, il est de rigueur de consacrer à ses hôtes une partie de la soirée.

Une absolue nécessité peut seule dispenser de ce devoir, et il faut en ce cas expliquer ses motifs et faire agréer ses excuses aux maîtres de maison.

La visite d'usage doit se faire dans la huitaine et le dîner se rendre dans le mois.

Les célibataires ou les personnes qui, de passage dans une ville, n'y ont pas de maison montée, sont seuls affranchis de l'obligation de rendre un dîner.

CHAPITRE TROISIÈME

DU SAVOIR-VIVRE DANS LES PRINCIPALES CIRCONSTANCES DE LA VIE

I

Du mariage.

XXIX. *Le mariage* est la grande affaire de la vie, et on ne doit s'y engager, de part et d'autre, qu'après y avoir mûrement réfléchi et s'être assuré toutes les garanties possibles de bonheur.

Avant de hasarder une demande officielle, les parents du jeune homme auront sondé ou fait sonder la famille de la jeune personne, afin d'éviter le désagrément d'un refus.

Si la demande est agréée, le jeune homme est admis chez sa future à titre de *fiancé* ou *prétendu*. Dès lors, ses visites doivent être journalières ou au moins très-fréquentes.

Sa tenue doit être toujours très-soignée; il offrira des bouquets, de la musique, de menus cadeaux, mais jamais aucun objet de prix.

Les questions d'intérêt seront discutées et réglées par les parents. Sous aucun prétexte, le futur ni la future ne prendront part à ces débats, du moins part directe.

Au jour fixé pour la signature du contrat, on se réunit chez le père de la jeune fille; le futur signe le premier, puis la jeune fille, et enfin les parents et les témoins.

Les notaires font ensuite porter le contrat chez les amis et les membres de la famille qui doivent le signer.

La corbeille est offerte le jour même de la signature du contrat.

Plus ou moins riche, selon la position sociale et la fortune des fiancés, elle se compose de bijoux, de châles, de robes en pièces et de dentelles.

Il est d'usage d'y placer un certain nombre de pièces d'or que l'on a soin de choisir toutes neuves.

Ces présents sont exposés dans la chambre de la fiancée, qui les fait admirer à ses amies.

XXX. *Le mariage à la mairie* peut se faire plusieurs jours avant le mariage à l'église.

En ce cas, il a lieu tout simplement; les deux familles et les quatre témoins exigés par la loi y assistent seuls.

La jeune fille est en costume de ville.

Le mariage à la mairie est entièrement gratuit; il est cependant d'usage que le marié distribue quelques gratifications aux garçons de service et qu'il dépose une somme proportionnée à sa fortune dans le tronc des pauvres placé à cet effet dans toutes les mairies.

A dater du mariage à la mairie jusqu'au mariage à l'église, les rapports du fiancé avec sa future et la famille de celle-ci deviennent moins fréquents et doivent être empreints d'une extrême réserve.

La position de la jeune personne est en particulier fort délicate; on ne saurait quel titre lui donner; il est donc convenable qu'elle ne paraisse pas en public, pas même dans le salon de sa mère.

Aussi bien quelques jours de retraite ne sont-ils point inutiles, à la veille de prendre des engagements aussi sérieux.

XXXI. *Le mariage à l'église*, le seul que des chrétiens puissent considérer comme un lien réel et sérieux, a lieu dans la paroisse de la jeune fille.

En allant chercher sa future, le marié doit être muni des anneaux et de la pièce de mariage.

Il est porteur d'un bouquet entièrement blanc qu'il offre à sa fiancée.

« La location de toutes les voitures concerne le marié, à la charge duquel sont également tous les frais d'actes et de culte. Parmi ces derniers on compte la location des chaises, qu'il serait peu convenable de laisser à la charge des invités.

« Les voitures doivent aller chercher, pour les amener chez la mariée, les témoins et les personnes invitées (1).

« A l'arrivée à l'église, on entre à la sacristie, d'où l'on se rend à l'autel dans l'ordre suivant :

« La mariée conduite par son père ;

« Le marié et sa mère.

« Viennent ensuite la mère de la mariée conduite par le père du marié.

« Puis les témoins, les parents, les amis.

« Les futurs prennent les places qui leur sont destinées : le marié à droite et la mariée à gauche.

« Derrière chacun d'eux se placent leurs familles respectives.

« Le poêle est tenu par deux jeunes gens choisis dans les deux familles.

« Le prêtre présente l'anneau de mariage au mari,

_____

(1) Ceci, bien entendu dans le monde qui n'a pas d'équipage. Les personnes ayant voiture se servent de leur voiture de gala et n'ont pas besoin qu'on aille les chercher.

qui le prend de sa main droite dégantée et le passe au troisième doigt de la main gauche de la mariée.

« Pendant la cérémonie du mariage, il est d'usage de faire quêter, parmi les invités, par les plus proches parents et parentes des époux.

« La messe terminée, le retour à la sacristie se fait dans l'ordre suivant :

« Le père du marié conduisant la mariée ;

« Le marié conduisant la mère de la mariée ;

« Les autres invités dans le même ordre que précédemment.

« Toutes les personnes invitées viennent dans la sacristie faire leurs compliments aux mariés.

« Le marié profite de cette circonstance pour présenter ses amis à sa femme, tandis que la mère de la mariée présente les siens à son gendre.

« En quittant la sacristie, l'ordre du cortége change encore une fois.

« Cette fois, c'est le marié qui conduit sa femme et monte avec elle dans la première voiture, où prennent place avec eux ses parents.

« Les parents de la mariée qui, en venant occupaient avec elle la première voiture, montent seuls dans la seconde. »

XXXII. La toilette de la mariée doit être entièrement blanche, avec fleurs d'oranger dans les cheveux et voile de tulle ou de dentelle.

L'habit noir, la cravatte blanche sont de rigueur pour le marié ainsi que pour ses garçons d'honneur.

Les demoiselles d'honneur, dans ce qu'on appelle le monde comme il faut, ne sont ni en blanc, ni en cheveux ; elles portent un costume de ville, de couleur très-claire.

Les invités doivent tous être en grande toilette.

Les personnes en grand deuil doivent s'abstenir d'assister à un mariage.

Une veuve qui se marie porte un costume de bon goût, mais très-simple. Le mariage se fait sans invitations, avec les seuls témoins nécessaires. On choisit, autant que possible, une chapelle privée.

Une demoiselle d'un certain âge remplace le costume blanc par un costume de couleur claire et la coiffure en cheveux par un chapeau blanc.

XXXIII. *Le voyage de noce*, emprunté aux usages anglais, tend de jour en jour à remplacer plus complètement notre ancien *repas de noces*.

Quelquefois les époux partent immédiatement après la bénédiction nuptiale; le plus souvent, le départ n'a lieu qu'à l'issue d'un déjeuner auquel assistent les membres seuls de la famille.

Dans l'un comme dans l'autre cas, ce que l'on appelle *la noce* — dîner, soirée, etc. — se trouve supprimé.

Mais si les époux ne partent pas, il est presque impossible d'échapper au :

XXXIV. *Repas de noces*, c'est-à-dire à un grand dîner donné le soir chez les parents de la jeune mariée (1).

A ce repas, les nouveaux époux prennent pour la première fois la place qu'ils occuperont désormais chez eux : au milieu de la table, vis-à-vis l'un de l'autre.

La mariée a à sa droite le père de son mari, et à sa gauche son père à elle.

Le marié est placé entre sa mère à sa gauche et celle de la mariée à sa droite.

La mariée est servie la première et est l'objet des égards et des prévenances de chacun.

On ne chante plus guère aux repas de noces, mais on y porte des toats aux nouveaux époux, à leurs familles, etc.

Dans ces toats, comme dans les chansons, si l'ancien usage est conservé, il faut prendre bien garde au choix des expressions, afin qu'aucune plaisanterie de mauvais goût ne fasse rougir les femmes présentes et surtout la mariée.

(1) Dans les grandes villes, où les relations sont nombreuses et les appartements restreints, il est admis que ce repas ait lieu dans un restaurant.

XXXV. *Un bal* suit d'ordinaire le dîner. Les invités y sont beaucoup plus nombreux que ceux du dîner.

Il est d'usage que le bal s'ouvre par un quadrille dansé par la mariée qui a fait choix de son cavalier (d'ordinaire un des plus anciens amis de la famille), le marié lui faisant vis-à-vis.

Au second quadrille, le marié et la mariée dansent ensemble.

Là s'arrête le cérémonial; les invitations deviennent libres; mais chacun tenant à honneur de faire danser la mariée, celle-ci doit s'arranger de façon à ne jamais accepter plus d'une invitation de chaque danseur.

Les nouveaux époux s'esquivent du bal vers minuit.

La mariée est d'abord emmenée par sa mère.

Le marié sort bientôt après elle.

XXXVI. *Des visites de noces.* — Aussitôt après leur retour s'ils sont en voyage, ou dans la quinzaine après le mariage s'ils n'ont pas quitté la ville, les nouveaux époux sont tenus à faire en grande cérémonie une visite à toutes les personnes de leur parenté ou de leurs connaissances avec lesquelles ils devront garder ou établir des relations.

Dans les visites aux amis du marié, il est de bon goût que la mère de celui-ci accompagne sa bru.

Les personnes qui ont été invitées à la noce doivent rendre leur visite au plus tard dans la huitaine qui suit celle des jeunes mariés. Les autres personnes ont la quinzaine.

Du reste, pour tous les usages que nous venons de mentionner et pour ceux que nous allons indiquer, il n'y a qu'une seule règle absolue, et elle consiste à se soumettre, avant tout, aux habitudes du pays que l'on habite.

II

Des baptêmes.

XXXVII. *Le parrain et la marraine* d'un enfant prennent, « en le tenant sur les fonts baptismaux, l'engagement moral de remplacer un jour auprès de lui, s'il en était besoin, son père et sa mère, et de se substituer à eux dans tout ce qui touche aux intérêts matériels comme aux intérêts moraux de son avenir. »

Ce n'est donc pas à la légère qu'on doit accepter une mission à laquelle incombe une aussi grande responsabilité !

Comme il n'est aucun lien d'amitié, ni de famille — si ce n'est le titre de grand-père ou de grand'mère — qui rende obligatoire les fonctions de parrain et de marraine, n'hésitez pas à vous excuser pour peu que vous ne vous sentiez pas la volonté et la possibilité de vous astreindre, le cas échéant, aux devoirs et aux charges de ce lien spirituel qu'on peut appeler une seconde paternité.

Si vous acceptez, faites-le de bonne grâce et montrez-vous généreux.

Vous parrain, n'oubliez pas le cadeau à la jeune mère ; les gants, le bouquet, les bonbons de la marraine.

Au curé, offrez une boîte de bonbons recouvrant une pièce d'argent ou d'or, selon vos moyens (1).

Faites la part de l'église et celle des pauvres aussi larges que possible ; n'oubliez ni le suisse, ni le bedeau, ni les enfants de chœur, ni le carillonneur qui a si joyeusement salué la naissance à la vie spirituelle du baby dont vous êtes le répondant et le représentant.

Que la joie et la reconnaissance des heureux que vous faites lui souhaitent la bienvenue.

Distribuez des dragées à toute la famille, et souvenez-vous que les sacs ne sont pas de mise, mais seulement les boîtes ; à peine pouvez-vous vous permettre des cornets pour les domestiques.

(1) En général, la dépense de l'église, offrande à M. le curé, remises aux officiers de l'église, aumônes aux pauvres, regarde le père de l'enfant. Il en est de même de l'achat des dragées à distribuer dans la maison. Dans quelques villes, cependant, c'est le parrain qui en est chargé.

La marraine offre à l'enfant la robe et le bonnet de baptême, quelquefois même la layette tout entière. Dans les familles riches, la layette regarde la mère, et la marraine, au lieu d'objets de lingerie, offre quelques pièces d'argenterie.

La toilette de la marraine doit être à la fois simple et élégante

L'habit noir et les gants blancs sont de rigueur pour le parrain.

XXXVIII. *A l'église.* — Les frais de voiture incombent au père de l'enfant, qui doit aller lui-même chercher le parrain et la marraine; il revient avec eux prendre l'enfant, porté par la sage-femme ou par sa nourrice, selon l'usage du pays où l'on se trouve.

La personne qui porte l'enfant entre la première dans l'église; puis viennent le parrain et la marraine, précédés par le suisse ou le bedeau, et suivis par les parents et invités.

Surtout, ne vous faites pas attendre; arrivez à l'heure exacte qui a été indiquée la veille.

Ayez soin de vous assurer de la manière dont est dressé l'acte de baptême : orthographe du nom de famille, ordre des prénoms. La moindre erreur à cet égard pourrait, à l'époque de la première communion de l'enfant, ou plus tard, lors de son mariage, susciter de graves difficultés.

Pénétrez-vous de la sainteté de l'engagement que vous prenez au nom de l'enfant et de la responsabilité qui en résultera pour vous.

Ce n'est plus une simple formalité, c'est un acte religieux de la plus haute importance que vous remplissez; acquittez-vous-en donc avec tout le respect, toute la gravité que comporte un acte religieux.

La cérémonie achevée, le cortége reprend, dans l'ordre que nous avons indiqué, le chemin de la maison, où le parrain et la marraine ont une dernière mission à remplir : présenter eux-mêmes à la jeune mère son enfant régénéré.

III

Des enterrements.

XXXIX. *L'assistance à un enterrement* auquel on est invité est, sauf empêchement sérieux, obligatoire.

Cette obligation est telle que, « lors même qu'il y aurait eu froideur ou rupture entre vous et le mort et sa famille, la religion et les convenances vous commandent d'oublier vos griefs et de vous rendre aux funérailles si vous en êtes prié par les parents (1). »

Dans les villes où les femmes ne suivent pas les convois, elles ne sont pas dispensées pour cela de rendre les derniers devoirs à leurs connaissances. Elles doivent aller directement à l'église.

Les femmes qui assistent à une messe mortuaire doivent être autant que possible en deuil.

Il n'est pas d'usage que la mère, le mari ou la femme du défunt assistent à ses funérailles.

Les personnes invitées pour un enterrement ne doivent pas attendre dans la rue l'heure du départ du convoi; il est convenable d'entrer dans la maison mortuaire.

La famille confie ordinairement à un parent éloigné le soin pénible de faire ce jour-là les honneurs de la maison.

Quand le signal du départ est donné, les parents les plus proches se placent derrière le corbillard, puis les autres parents, puis les amis.

En tête des voitures de deuil marche la voiture du défunt, vide et fermée.

Les personnes qui suivent un convoi doivent marcher tête nue, en silence et rangées sur deux files.

Rien n'est plus pénible et cependant plus fréquent que de rencontrer des hommes qui suivent un cercueil

(1) Cette règle s'applique aux malades à leur lit de mort. Quelques reproches qu'on ait à leur faire, quelque tort qu'on en ait reçu, on ne serait pas excusable de refuser de les aller voir s'ils en exprimaient le désir.

en causant et en riant ; on les entend parler affaires et même plaisirs, et s'ils s'entretiennent du mort, c'est plus souvent pour le critiquer que pour s'associer à la juste douleur de sa famille.

« Agir ainsi, c'est montrer qu'on est dépourvu de sens moral. Le silence et le recueillement sont des marques de respect dues à celui pour lequel a déjà commencé la vie éternelle. »

Nous ne parlerons pas de l'inconvenance de ces gens pour lesquels un enterrement est un motif de dissipation... qui vont achever au cabaret une journée commencée à l'église et au cimetière... qui trinquent à la santé du mort jusqu'au complet oubli d'eux-mêmes.

Quelques-uns même n'attendent pas la sortie du cimetière pour aller se « rafraîchir » ; on les voit, au lieu d'entourer le corps à l'église, faire station chez les marchands de vin pendant la cérémonie religieuse.

Il y a là une double infraction : un manque de respect envers la religion, un manque d'égards pour la famille et la mémoire du mort.

Ce reproche, je le sais, ne peut s'appliquer qu'à la classe ouvrière, dispensée, au dire de certaines gens, de s'assujettir aux lois de l'étiquette.

Aux lois de l'étiquette ! ceci est à discuter ; mais quant aux lois des convenances, au nom desquelles nous parlons, nul — nous l'avons déjà dit — ne saurait arguer de pauvreté ou d'ignorance pour s'en affranchir.

Il n'est pas nécessaire d'ouvrir un Code de politesse, il n'y a qu'à consulter le cœur et la conscience pour comprendre qu'on doit le respect à tout ce qui est respectable.

Or, quoi de plus respectable que la mort, ce grand et insondable mystère de notre destinée future ?

Si les gens réputés *sans éducation* se dispensent si aisément « *d'entrer à l'église* », les gens « bien élevés », qui se croient obligés d'y entrer, se conforment-ils toujours aux règles du *savoir-vivre*.

Si donc il est vrai de dire que ces règles consistent à

rendre à chacun ce qui lui est dû; que n'est-il pas dû au Roi des Rois, dont nos temples sont la demeure?

Au cimetière, la cérémonie achevée, les invités défilent devant les parents réunis en groupe. On se borne généralement à saluer en silence; cependant, un serrement de main, une parole bien sentie peuvent être échangés.

Les parents, les amis du mort doivent une visite de condoléance à la famille habitant la maison mortuaire. Cette visite, qui se fait pendant la semaine qui suit l'enterrement, ne sera rendue qu'après l'expiration du grand deuil.

Toute lettre de convocation à un enterrement exige l'envoi d'une carte.

XL. *Du deuil.* — On ne porte le grand deuil que pour père, mère grand-père, grand'mère, mari, femme, frère et sœur (1).

Le deuil pour père et mère se porte un an.

Pour un mari, un an et six semaines.

Pour une femme, six mois.

Pour frère et sœur, six mois.

Pour oncle et tante, trois mois.

Pour cousin-germain, quinze jours.

Pour les cousins issus de germain, huit jours.

Les militaires et les fonctionnaires en costume portent le crêpe au bras et à l'épée.

Les ecclésiastiques portent le crêpe au chapeau, comme les autres hommes.

Les deuils se divisent en trois classes : grand deuil, deuil ordinaire et demi-deuil.

Le grand deuil, qui ne permet que les étoffes de laine et les gants tricotés, se porte pour mari, femme, père, mère, grands parents, frère et sœur, pendant la moitié de la durée du deuil.

Le deuil ordinaire, qui admet la soie noire (sauf le satin et le velours), les gants de peau et les bijoux de

(1) Nous ne mentionnons pas ici fils et fille, parce qu'il est d'usage général qu'il ne se porte pas.

jais, se porte le reste du temps des deuils ci-dessus et pour celui des autres parents.

Enfin le demi-deuil, qui comporte le gris, le violet, le mauve, le blanc et le noir, se porte les dernières semaines ou les derniers jours.

L'usage interdit d'aller dans le monde ou de recevoir pendant le grand deuil. On ne commence à faire des visites qu'en prenant le deuil ordinaire, et à se montrer en soirée ou dans les endroits publics qu'en prenant le demi-deuil.

Quand on est en deuil, il est d'usage de se servir pour sa correspondance de papier et d'enveloppes bordées de noir. — Si on se sert de cire, ce doit être de cire noire.

La sévère étiquette n'admet pas la bordure noire pour les cartes de visite ; beaucoup de personnes cependant, et du meilleur monde, en ont adopté l'usage.

Lorsqu'on tient un certain état de maison, on fait porter à ses domestiques le deuil que l'on porte soi-même.

Dans un milieu plus modeste, on leur fait simplement porter celui du maître, de la maîtresse de la maison et de leurs enfants, ou plutôt celui des membres de la famille qui, vivant sous le même toit, peuvent être considérés comme leurs maîtres.

IV

Des correspondances.

XLI. *L'art épistolaire* a une trop haute importance pour que nous puissions lui consacrer ici le développement qu'il exige : nous renvoyons donc le lecteur à un petit traité spécial (1) dont nous nous occupons en ce moment, et nous nous bornerons à quelques rapides conseils.

Le format du papier a une grande importance. Pour les demandes, placets, pétitions, on se sert de très-grand format dit *papier ministre*; pour les lettres d'af-

(1) *Petit Traité de la conversation et de l'art épistolaire*, 1 vol. de 72 pages in-8. Prix : 40 c.

faires, pour celles d'inférieur à supérieur, on doit se servir de *papier à lettre grand format.*

Dans tout autre cas, on emploie le format moyen ou même le petit format.

Les lettres à de hauts personnages seront cachetées à la cire et porteront l'empreinte de votre cachet, — surtout si ce cachet est armorié; — dans le cas où vous devez accuser un grand respect pour la personne à qui vous écrivez, vous renversez le cachet la couronne en bas.

Les lettres d'invitation ou d'excuse doivent être brèves et polies.

Les lettres de commerce doivent être claires et explicites.

Les lettres de recommandation doivent être très-pressantes en faveur de la personne, en faveur de qui on les écrit et si elle se charge de les remettre il faut les lui donner non cachetées.

Elle aura soin de les cacheter elle-même avant de les porter.

Écrivez toujours sur une feuille double et faites usage d'enveloppes.

Les lettres à un subalterne doivent être tout particulièrement polies et bienveillantes.

Il n'y a pas de règles pour les lettres à écrire à de proches parents, à d'intimes amis, si ce n'est que l'affection, l'intimité y doivent toujours être tempérées par le respect quand on s'adresse à des personnes plus âgées et par la bienveillance de la part de celles-ci.

V

Des conversations.

XLIX. *La conversation* demande non-seulement un tact particulier; mais elle est assujettie comme la corresponcance à certaines règles d'usage, dont l'observation est en quelque sorte la pierre de touche de la *bonne éducation.*

On comprend que nous ne pourrions qu'effleurer ce sujet qui sera ainsi que nous le disions tout-à-l'heure avec l'art épistolaire l'objet d'un petit traité séparé.

Signalons cependant quelques locutions vicieuses qui sont pour ceux qui s'en servent l'enseigne du mauvais ton.

Ne demandez pas à quelqu'un que vous abordez : comment se porte *votre mari, votre mère, votre femme, votre fille.*

Dites bien moins encore : *votre dame, votre demoiselle.*

Mais dites : *Monsieur votre mari, Madame votre mère, Mademoiselle votre fille,* etc.

Madame votre femme ne se dit pas plus que *Madame votre épouse.* On tourne la difficulté par le mot *madame* suivi du nom de la personne. Soit, M. Rémond, en lui parlant de sa femme, on lui redira, *Madame Rémond.*

Monsieur, madame, mademoiselle tout court ne se disent que par les domestiques en parlant de leurs maîtres, — ou par ceux-ci en parlant à leurs domestiques.

Ainsi un maître de maison demandera à la femme de chambre de sa femme, si *madame* est sortie ou rentrée.

Un étranger, en faisant la même question, demandera Madame X.....

Il faut parler à chacun le langage qui lui convient. Par exemple, on évitera les termes techniques quand on s'adresse à une personne étrangère à l'art où à l'industrie dont il est question. — On aura recours à des formules particulièrement respectueuses avec des supérieurs ; on sera très-simple de langage avec des enfants : Toutefois, le respect ne doit jamais aller jusqu'à l'obséquiosité pas plus que la simplicité ne doit dégénérer en trivialité.

Ici vient en ce qui concerne l'enfance se placer une série de conseils de la plus haute importance.

« La famille, — nous l'avons dit, — doit l'exemple des vertus à l'enfant ; la société lui doit l'exemple de la politesse.

« Si jeune qu'il soit vous éviterez de traiter familièrement un enfant qui vous est inconnu.

« Seuls les gens sans éducation tutoient, de prime-abord un enfant. »

Seuls aussi les gens sans éducation permettent à leurs domestiques de tutoyer soit leurs enfants, soit ceux de leurs amis.

Un domestique bien appris, dit toujours mademoiselle, monsieur suivi du nom de baptême aux enfants de la famille.

Cette règle ne doit souffrir d'exception que pour les nourrices et les vieux serviteurs ... Encore ces derniers s'abstiennent-ils d'ordinaire d'en profiter.

« Seuls enfin les gens sans éducation se permettent de leur libre-arbitre de poser leurs lèvres sur de petites joues dont le duvet juvénile les tente.

J'ai connu des mères qui eussent volontiers en voyant leur cher baby ainsi tourmenté — profané — par de vulgaires caresses.

« — Cet enfant, est mon bien, mon trésor, mon sang, et il ne me plait pas que vous m'en sépariez — ne fut-ce que pour une seconde, ne fut-ce que par un baiser, — vous un étranger! Suis-je blâmable ou ridicule ?...

Non ! Pas plus qu'une mère prudente n'est blâmable et ridicule de ne point permettre qu'un étranger offre rien à son enfant ni sucreries, ni gâteaux, ni surtout de l'argent.

Mais revenons à la conversation : — Évitez avec soin les calembourgs, les mots à double sens, les plaisanteries risquées, tout ce qui en un mot peut prêter à une interprétation inconvenante.

Défiez-vous du désir de briller, ne parlez que de ce que vous savez bien, gardez-vous de médire des absents, et toujours, et surtout, soyez sincères et vrais.

FIN.

TABLE DES MATIÈRES

—

Beaugency. Imp. Laffray.

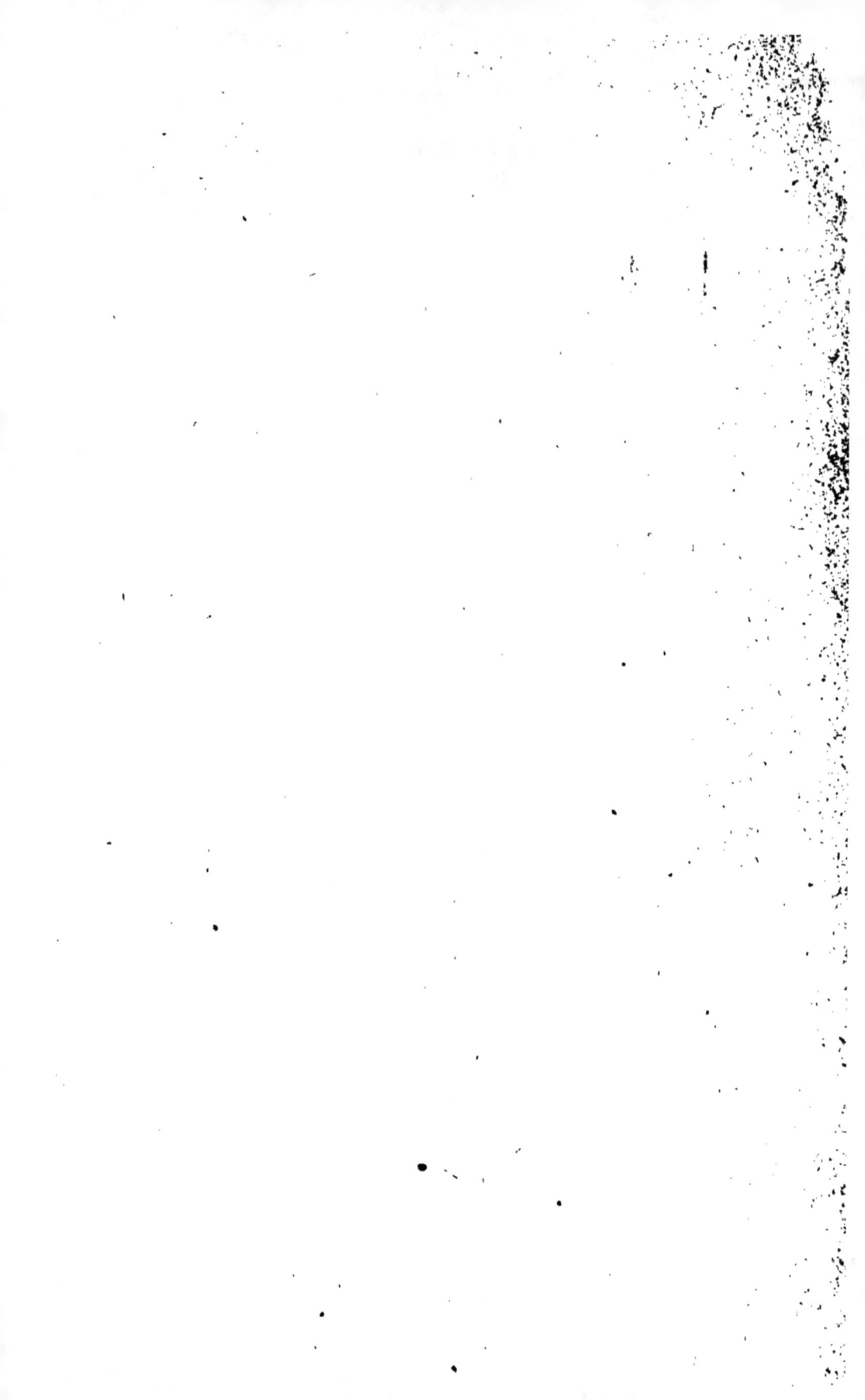

www.ingramcontent.com/pod-product-compliance
Lightning Source LLC
Chambersburg PA
CBHW070927280326
41934CB00009B/1773